教育部哲学社会科学研究重大课题攻关项目"我国教师职业心理健康标准及测评体系研究"（11JZD044）成果集成

陕西师范大学优秀学术著作出版资助

总主编　游旭群

教师职业心理健康评价研究

李　瑛　著

陕西师范大学出版总社　西安

图书代号　ZZ25N1055

图书在版编目（CIP）数据

教师职业心理健康评价研究 / 李瑛著. -- 西安：陕西师范大学出版总社有限公司, 2025. 4. -- ISBN 978-7-5695-5270-6

Ⅰ. G443

中国国家版本馆 CIP 数据核字第 20253FX550 号

教师职业心理健康评价研究

李　瑛　著

责任编辑	孙瑜鑫
责任校对	韦红骆
封面设计	金定华
出版发行	陕西师范大学出版总社 （西安市长安南路 199 号　邮编 710062）
网　　址	http://www.snupg.com
印　　刷	西安报业传媒集团（西安日报社）
开　　本	787 mm×1092 mm　1/16
印　　张	9.5
字　　数	218 千
版　　次	2025 年 4 月第 1 版
印　　次	2025 年 4 月第 1 次印刷
书　　号	ISBN 978-7-5695-5270-6
定　　价	64.00 元

读者购书、书店添货或发现印装质量问题，请与本社高等教育出版中心联系。
电话：(029)85307864　85303622（传真）

总　序

在第39个教师节到来之际，习近平致信全国优秀教师代表，强调要大力弘扬教育家精神，为强国建设、民族复兴伟业作出新的更大贡献，并首次提出、深刻阐释了中国特有的教育家精神的时代内涵，即"心有大我、至诚报国的理想信念，言为士则、行为世范的道德情操，启智润心、因材施教的育人智慧，勤学笃行、求是创新的躬耕态度，乐教爱生、甘于奉献的仁爱之心，胸怀天下、以文化人的弘道追求"。这一阐释，既是对教师的关心与重视，也是对教师的指引与要求。

教师是立教之本、兴教之源，是教育发展的第一资源。在这个快速发展的时代，教育的重要性日益凸显，教师作为教育的主体，其心理健康问题也日益受到关注。教师职业心理健康不仅关系到教师个人的职业幸福感和获得感，更关系到学生的成长和发展，影响国家的教育质量和人才培养。教师自身自尊自信、心态阳光，才能培育出德才兼备、能担当民族复兴重任的学生。落实立德树人根本任务的重要途径和重要抓手在于维护教师职业心理健康。2023年10月10日是第32个世界精神卫生日，国家卫生健康委员会及教育部将全国宣传主题确定为"促进儿童心理健康，共同守护美好未来"，呼吁全社会共同关注儿童青少年心理健康，增进儿童青少年健康福祉。加强学生心理健康工作已经上升为一项国家战略。学生心理健康工作与教师息息相关，教师职业心理健康不仅影响着教师能否完成传播知识、传播思想、传播真理的历史使命，更决定着其能否担当塑造灵魂、塑造生命、塑造人的时代重任,能否有效落实立德树人根本任务。长期以来,有关心理健康的研究多基于西方理论和工具,并以关注症状为主,学校心理健康工作主要关注学生的异常心理状态,教师队伍建设缺乏对教师价值观、使命感等"育人"所必需品质的考核评价体系,也缺少有效的师德养成及提升措施。为了解决上述制约新时代我国高质量教育体系建设中存在的重大理论与现实问题,教育部哲学社会科学研究重大课题攻关项目"我国教师职业心理健康标准及测评体系研究"(11JZD044)获批立项,经过12年的研究和积累,相关的理论与实证研究成果集成了本套丛书。

本套丛书共10册,所涉及的主题有中国社会文化背景下的心理健康理论建构、教师职业心理健康评价、卓越教师行为理论与实证、教师职业情绪与情感、教师职业幸福感、教师职业人格与职业道德、教师品格、教师职业心理健康促进、教师职业心理适应、中小学教师职业心理健康。研究将马克思主义基本原理同中国具体实际相结合,同中华优秀传统文化相结合,打造了具有中国风格的教师职业心理健康理论体系,确立了教师职业心理健康评价体系,丰富了当代中国心理学的理论体系。通过理论和实证研究,从教育情境中的师生互动模型及相互影响出发研究教师职业心理健康,系统揭示了教师职业心理健康对教育教学行为及学生心理健康和行为产生作用的内在机制问题。

在本套丛书的编写过程中,我们得到了全国各地教育学家、心理学家、教育行政管理人员以及一线教师的大力支持。希望本套丛书的出版能够对有关政策的制定、教师教育工作的开展及基础教育的发展做出贡献,也希望本套丛书能够成为教师在职业发展过程中的良师益友,助推教师弘扬教育家精神,坚持为党育人、为国育才的初心使命。

最后,我们要感谢为本套丛书付出辛勤努力的审稿、编辑、设计等工作人员,是他们的辛勤付出使得本套丛书能够面世。我们相信,在广大教育工作者的共同努力下,我们的教育事业必将更加繁荣昌盛。

游旭群
2023 年 10 月

前　言

教育是国之大计、党之大计。强国先强教，强教必先强师，教师是立教之本、兴教之源。我国有尊师重教的优良传统，教师职业深受社会的尊重与敬仰。教师职业不仅承载着传授知识、引领未来的使命，还会在道德、智慧和情感上对学生产生深远的影响。教师职业心理健康决定着教师能否完成传播知识、传播思想、传播真理的历史使命，能否担当塑造灵魂、塑造生命、塑造人的时代重任，能否有效落实立德树人的根本任务。不良的教师职业心理健康特征会导致不当的教育教学行为，会对学生的心理健康造成严重影响，甚至导致不良后果。

尽管教师在社会上受到普遍的尊重，但这一职业带来的心理影响却呈现出双重性。一方面，教师被赋予塑造未来、培养新一代的重要职责，这一使命赋予了他们一定的社会价值和荣誉感。另一方面，社会对教师的高期待和高要求又往往给教师职业带来极大的关注度和工作压力。

现阶段，我国教育已由规模扩张阶段转向高质量发展阶段。随着教育改革的深入和社会竞争的激烈，教师所面临的心理挑战变得更加复杂多样：工作压力、职业倦怠、社会认知与期待落差、职业成长焦虑等。面对这些挑战，教师需要寻找有效的压力管理和职业发展策略，而学校和政府部门则应通过提供支持、资源，帮助教师适应改革要求，保持良好的心理健康状态，从而促进高质量教育体系的建设。

探究和评价教师职业心理健康，不仅是对教师个人福祉的关注，更是教育高质量发展的必然要求。从教师个体、教育系统到社会层面，研究并改善教师的职业心理健康状态是一个多赢的过程。它不仅有助于解决当前教育面临的问题，更是对未来教育和社会发展的积极投资。

本书通过深入探讨教师职业心理健康及其评价体系，旨在为教师、教育管理者、政策制定者以及社会公众提供科学、系统的分析及解决方案，共同促进教师职业心理健康，提升教育质量，为加快建设教育强国提供有力支撑。

本书获得了陕西师范大学优秀学术著作出版资助，并依托陕西教师发展研究计划重大项目开展了研究工作。本书在出版过程中，得到了陕西师范大学社会科学处和陕西教师发展研究院的大力支持。在此一并致谢。

由于著者水平所限，书中难免有所错漏，敬请读者批评指正。

李 瑛

2025 年 1 月

Contents 目录

第一章 教师职业心理健康概述 ······ 1
  第一节 职业心理健康的界定与研究范围 ······ 1
  第二节 教师职业心理健康研究的意义与目的 ······ 11
  第三节 教师职业心理健康的研究现状 ······ 13
  第四节 教师职业心理健康的内涵与结构 ······ 18

第二章 教师职业心理健康评价体系 ······ 27
  第一节 教师职业心理健康评价体系建构 ······ 27
  第二节 中小学教师职业心理健康评价问卷 ······ 29
  第三节 高校教师职业心理健康评价问卷 ······ 39

第三章 教师职业道德 ······ 48
  第一节 责任与奉献 ······ 48
  第二节 使命感 ······ 52
  第三节 仁爱之心 ······ 57
  第四节 正义感 ······ 61

第四章 教师职业能力 ······ 66
  第一节 反思能力 ······ 66
  第二节 学习与创新 ······ 72
  第三节 主动性 ······ 79

第五章　教师职业情绪 ························· 83
第一节　情绪稳定性 ························· 83
第二节　坚韧性 ····························· 86
第三节　共情 ······························· 89

第六章　教师职业适应 ························· 93
第一节　人际沟通 ··························· 93
第二节　组织协调 ··························· 98

第七章　影响教师职业心理健康的因素 ············ 103
第一节　工作环境对教师职业心理健康的影响 ···· 103
第二节　组织管理对教师职业心理健康的影响 ···· 115
第三节　个人因素对教师职业心理健康的影响 ···· 124
第四节　社会文化对教师职业心理健康的影响 ···· 129

参考文献 ····································· 131

第一章 教师职业心理健康概述

教育在现代化建设中具有基础性、先导性、全局性作用。强国先强教,强国必强教,没有教育强国就不会有现代化强国。教育大计,教师为本。有好的教师,才有好的教育。教育的目标是培养全面发展的人,只有身心健康的教师才有可能教育出身心健康的学生。教师职业心理健康不仅影响着教师的职业生涯发展、幸福,更关系到学生的全面发展和社会的进步。教师职业心理健康是教育发展的基石和灵魂,是提高教育质量、促进社会和谐的根本保障。

第一节 职业心理健康的界定与研究范围

一、心理健康的内涵

心理健康的概念随着时间的推移不断发展和演变,从最初的单一病理学视角拓展为更全面和多元的理解。现代心理健康观不仅关注个体是否有心理疾病,还强调个体的功能水平、适应能力,以及主观幸福感。

最初,心理健康通常被定义为无心理疾病的状态,衡量标准主要基于个体是否具备正常的认知、情绪和行为功能。这一时期的重点主要在于识别和治疗心理疾病,如抑郁症、焦虑症等。

20世纪初,对心理健康的理解受到医学模式的强烈影响。心理健康问题被视为生物和生理因素的直接产物,类似于躯体疾病。在这一框架下,心理健康问题主要归因于大脑神经递质失衡、遗传因素或其他生理异常。治疗手段也多集中于药物治疗、电休克疗法等生物医学干预措施。

在早期心理健康研究中,弗洛伊德的心理分析理论占据了重要地位。他认为,许多心理健康问题源自潜意识冲突和童年经历。精神分析疗法通过梦境解析、自由联想和转移反应等技术,旨在揭示并解决潜意识中的矛盾。尽管这种方法强调心理和情感因素,但仍然是在病理学的框架内解释心理问题。

对心理健康的理解也受到行为主义的影响。华生和斯金纳等行为主义者强调,可观察的行为受到外部环境的影响,而非内在心理状态或潜意识。基于这一理论,心理健康问题被认为是环境强化的结果,因此可以通过行为矫正来改善。例如,系统脱敏法和操作性条件反射技术等行为治疗方法,正是基于这一观点发展而来。

尽管早期的心理健康观念主要关注个体层面,但学者们逐渐认识到社会和文化因素的重要性。20 世纪中叶,社会学家和心理学家开始探讨压力、社会支持和社会结构对个体心理健康的影响,为心理健康的社会生态视角奠定了基础。

这些早期心理健康观念为现代更加全面和多元的心理健康理论提供了基础。尽管早期理论大多采用病理学取向,但它们推动了心理学和精神医学的发展。随着时间的推移,心理健康的定义逐渐从单纯的"无病"状态扩展到涵盖个体的整体幸福感、适应能力和功能效能。

20 世纪中叶以后,心理健康的定义开始融入更多积极因素,如情绪调节能力、适应能力和整体幸福感。埃里克森的发展理论和马斯洛的需求层次理论对这一时期的心理健康研究产生了深远影响。

人本主义心理学的兴起标志着对心理健康理解的重大转变。罗杰斯强调自我实现和无条件积极关注,认为心理健康的个体应能够发挥自身潜能,体验积极的自我成长。马斯洛的需求层次理论进一步阐述了个体心理发展的层次性,提出心理健康的个体需逐步满足生理需求、安全需求、归属与爱需求、尊重需求,并最终达到自我实现。

随着认知心理学的发展,心理健康的内涵进一步扩展,认知过程(如信息加工、注意力、记忆以及解决问题的策略)被纳入心理健康研究的范畴。认知行为疗法(CBT)由此产生,该疗法基于认知模型,认为心理健康问题往往源于消极的思维模式。通过识别并调整这些不合理认知,可以改善个体的情绪状态和行为表现,从而促进心理健康。

心理健康的内涵也扩展到了社会层面。研究看开始关注社会结构、文化背景和环境因素对个体心理状态的影响。例如,社会角色理论和压力——应对模型强调,环境压力影响个体的心理健康状态,而个体的应对策略在缓解或加重心理健康问题方面发挥着关键作用。这些理论推动了心理健康研究对社会支持网络、社区健康资源以及公共政策的关注,从而深化了对心理健康的全面理解。

20世纪中期,心理健康领域的发展不仅拓展了心理健康的定义,还推动了干预策略的多样化,包括个体、团体和社区层面的综合干预措施。该时期的理论和实践为现代心理健康研究奠定了基础,使心理健康的理解从单一的个体层面拓展到社会生态系统的多元视角,并对后续心理健康促进和预防体系的建立产生了深远影响。

随着积极心理学的发展,人们开始关注心理健康的积极定义,从仅仅关注心理疾病的缺失和治疗,转向对心理健康的全面理解和积极构建。这一转变不仅丰富了心理健康的内涵,也推动了心理健康研究和实践的变革。在这一视角下,心理健康不仅意味着个体不受心理问题困扰,还涵盖了积极品质、积极力量的培养和增强(陈晓娟 等,2009)。世界卫生组织(WHO)将幸福感作为衡量心理健康状况的重要指标,其内涵包括个体能够了解自己的潜能、应对生活中的压力、高效工作,并对社会做出积极贡献。在这一观点下,心理健康的积极定义不仅强调没有心理障碍,更关注个体幸福感、生活满意度、心理韧性和自我实现等积极心理状态的实现。

尽管世界卫生组织对于心理健康的界定得到越来越多的认同,但传统的病理学取向在心理健康研究中仍占重要地位,"消极"心理学依然有较大影响。许多研究仍聚焦于心理障碍或心理问题。研究者通常采用 SCL-90(症状自评表)、抑郁自评量表等工具测量心理健康,并将无相应症状报告的个体视作心理健康的人。Keyes(2002,2005)指出,心理健康的研究不应仅关注心理障碍的缺失,还应纳入个体的幸福感,并提出了心理健康连续统一体的概念。他认为,心理健康有五个类别:①既倦怠又抑郁,②抑郁,③倦怠,④中等心理健康,⑤高等心理健康。心理健康水平越高,个体的社会适应性和社会功能就越强。在此基础上,Keyes(2014)提出了心理健康双因素模型,该模型认为心理健康应同时包括消极和积极两个方面,这两个方面是可以并存的,因此心理健康状态可分为四类:①低症状、高主观幸福感(完全心理健康型),②低症状、低主观幸福感(部分心理健康型),③高症状、高主观幸福感(部分病态型),④高症状、低主观幸福感(完全病态型)。这一模型强调,心理健康不仅仅是无病状态,更涉及个体积极心理品质的发展。

国内外学者的相关研究表明,心理健康是一个整体系统,包括认知、自我意识、心理弹性、社会适应性等不同侧面,在每一侧面上都是消极与积极的连续统一,受到社会环境、职业特征、个人经济社会地位的影响。心理健康的表现大致可分为心理疾病或障碍、心理机能正常和人格健全三个层次。心理疾病或障碍属于不健康的层次,通常表现为心理困扰、情绪障碍或行为异常;心理机能正常则属于低层次的心理健康,也称为"消极的心理健康",它以心理适应为基本特征,通常表现为能消除过度的紧张和不安,达到内部平衡状态,顺应外部环境,内心无重大冲突,甚至表现出过度顺从,寻求外界认同;人格健全是高层次的心理健康,也称为"积极的心理健康",表现为有高尚的目标追求,发展良好的人际关系,从事具有社会价值的创造性工作,渴望迎接生活的挑战,寻求生活的充实感与人生意义。

积极取向的心理健康强调个体要拥有积极的心理体验和功能,能有意识地掌控自己的生活;主动追求自己的目标并为之努力,在此过程中实现自我价值;不仅能够体验到成功的快乐,还能享受生活的乐趣。

二、心理健康的研究取向

目前,对心理健康尚未达成统一的标准或定义,研究者们从不同视角尝试对其进行定义和研究,形成了不同的研究取向和理论。

(一)生物医学取向

生物医学取向强调心理健康问题与生理因素之间的关系,特别是大脑结构、化学物质的平衡、遗传,以及神经系统的功能如何影响个体的心理状态和行为。该取向强调身体的生理和病理变化,将生物病态视为疾病产生的原因,同时也将其作为产生心理症状的重要因素,忽视了心理和社会因素对健康的影响。

生物医学取向基于以下三个核心理论假设:①神经化学假说,认为心理健康状况与大脑中特定化学物质(如神经递质)的不平衡有关。②遗传易感性理论,认为个体对某些心理健康问题的易感性部分由遗传因素决定。③脑部损伤与功能异常假说,认为大脑某些区域的损伤或功能异常与特定的心理疾病相关。

生物医学取向在研究心理健康问题时,常用以下研究方法:神经影像技术,使用MRI（磁共振成像）、PET（正电子发射断层扫描）等技术观察大脑结构和功能，寻找与心理疾病相关的脑区；药物疗法研究，通过临床试验评估特定药物对提升心理健康状况的有效性和机制；遗传学研究，通过家系研究、双生子研究、基因关联研究等方法探索心理疾病的遗传基础。

生物医学取向对心理健康治疗的贡献主要体现在药物治疗、神经调节技术和生活方式调整等方面。其中，药物治疗使用针对特定神经递质系统的药物，如抗抑郁药、抗焦虑药、抗精神病药等，调节大脑化学平衡；神经调节技术采用经颅磁刺激（TMS）和深脑刺激（DBS）等技术，直接或间接调节大脑功能区域，改善心理健康状况；生活方式调整主要通过鼓励健康的生活方式，如适量运动、营养均衡等，以支持大脑健康和改善心理健康。

（二）认知行为取向

认知行为取向基于认知模型，强调思维方式（认知）和行为在心理健康问题中的作用。该取向认为，不健康的思维模式和行为习惯是导致心理障碍的关键因素，因此，通过改变这些思维和行为，可以有效地治疗各种心理健康问题。

认知行为取向的核心理论基础包括：①认知理论。由贝克提出，主张个体的情绪和行为受到其认知过程（即对事件的解释和评价）的影响，不合理的信念和认知失调是情绪障碍的核心。②行为理论。基于学习理论，特别是经典条件作用、操作条件作用和社会学习理论，认为行为是通过学习获得的，因此可以通过学习新的、更健康的行为来替代不健康的行为。③认知行为模型。将认知理论和行为理论结合起来，提出改变个体的思考方式和行为模式可以改善其心理健康状态。

认知行为疗法（CBT）是基于认知行为取向发展起来的一种心理治疗方法，主要用于治疗抑郁症、焦虑障碍、强迫症、饮食障碍等多种心理健康问题。CBT的关键实践包括以下四个环节：第一，认知重构。帮助个体识别和挑战不合理的信念和认知失调，通过证据检验和现实测试等技术改变这些思维模式。第二，行为实验。鼓励个体尝试新的行为方式，以体验和学习更健康的行为对情绪和思维的积极影响。第三，技能训练。包括应对策略训练、社交技能训练、放松训练等，旨在提高个体的自我调节能力和应对生活挑战的能力。第四，家庭作业。在治疗过程中分配家庭作业，鼓励个体在日常生活中应用学到的技能和策略，以加深理解和巩固进步。大量研究表明，CBT在治疗广泛的心理健康问题方面是有效的，有助于减少抑郁和焦虑症状，改善生活质量，并且效果持久。

CBT的优势在于其结构化的治疗程序、明确的治疗目标和短期治疗周期，以及对个体能动性的强调。

认知行为取向及其在实践中的应用，特别是CBT，已经成为心理健康领域的重要贡献，不仅提供了深入理解心理障碍的框架，还提供了有效的治疗方法。随着研究的深入和技术的发展，CBT在未来的心理健康治疗中将继续发挥重要作用。

(三)心理动力学取向

心理动力学取向源自弗洛伊德的精神分析理论，并在其基础上不断发展，融合了多种理论和实践。该取向强调无意识过程、内在冲突、早期经验，以及人际关系如何影响个体的心理和行为。心理动力学认为，了解和解决潜在的心理冲突可以帮助解决心理健康问题。

心理动力学取向的核心理论包括：①无意识。强调无意识心理活动对个体行为和情感的影响。②心理冲突。个体内部不同驱动力（如本我、自我和超我）之间的冲突是心理疾病的根源。③防御机制。个体为了保护自我，会无意识地使用防御机制来应对内在冲突和焦虑。④移情和反移情。治疗过程中，患者将对他重要人的情感和态度转移到治疗师身上（移情），治疗师也可能将自己的情感反射到患者身上（反移情）。⑤早期经验。早期关系和经验对个体的性格发展和心理健康有长远影响。

心理动力学治疗的目标是使患者意识到并解决被压抑的无意识冲突，从而改善心理健康。治疗方法包括：精神分析，通过自由联想、梦的分析和探索早期经验，揭示无意识冲突；心理动力学心理治疗，相对于传统精神分析，这种治疗形式更加集中且短期，侧重于特定的心理冲突和问题；移情聚焦治疗，特别关注治疗关系中的移情现象，作为了解和解决无意识冲突的窗口；人际心理治疗，虽然主要基于心理动力学，也融合了人际关系理论，侧重于通过解决当前人际问题来改善心理健康。

心理动力学治疗的效果通常通过治疗过程及其对心理问题的改善来评估，包括提高自我意识、解决内在冲突、改善人际关系和提升生活质量。虽然心理动力学治疗存在一定的争议，但有大量研究支持其在治疗特定心理健康问题（如焦虑、抑郁和人格障碍）中的有效性。

(四)人本主义心理学取向

人本主义心理学取向是20世纪中叶在反对行为主义和精神分析学派的过

程中兴起的一种心理学理论和治疗方法。它强调个体的自我实现、自由意志以及内在潜能。人本主义心理学认为，每个人都具有实现自己潜能的能力，因此要重视个体的主观体验和个人成长。

人本主义心理学取向的理论基础主要包括：①自我实现理论。马斯洛的需求层次理论将自我实现视为人类需求的最高形式，即个体实现其最大潜能和自我价值的过程。②个体中心理论。罗杰斯提出的来访者中心疗法强调真诚、无条件地关注以及同理心是促进个体成长和解决心理问题的关键。③存在主义心理学。强调个体存在的意义、自由和责任，以及面对生活中困难和挑战的能力。

人本主义心理学在心理咨询和治疗中的应用主要是通过以下方法：来访者中心疗法，提供一个非评判性的、支持性的环境，让来访者能够自由地表达自己的感受和思想，从而加深自我认识，促进自我实现；动机访谈，一种促进和增强个体内在改变动机的咨询方法，广泛应用于行为改变，如戒烟和减肥等；团体治疗，通过团体互动，增进个体的自我认识和人际交往技能，促进个人成长。

人本主义心理学取向为心理健康提供了一种更为全面和积极的视角。它强调个体的内在价值和潜能，以及在支持性环境中实现个人成长的可能性。

（五）跨文化心理健康取向

跨文化心理健康取向关注心理健康和心理疾病在不同文化背景中的理解、表现、治疗。强调文化因素在个体心理健康观念、应对策略和求助行为中的重要性。跨文化心理健康研究旨在为多样文化背景下的心理健康问题提供更加包容和适应性强的治疗方法。

跨文化心理健康取向基于三个关键理论和概念：①文化相对主义。认为心理健康和心理疾病的定义和表现受到文化背景的影响，强调避免以单一文化标准评价其他文化的心理健康状况。②文化适应性。主张治疗方法和干预措施需要根据个体的文化背景调整，以确保其有效性和适用性。③文化能力。提倡心理健康专业人员应当深入理解和尊重不同文化，以提供适应性服务。

在实践中，跨文化心理健康取向体现在以下四个方面：第一，文化评估。包括在心理评估和治疗前，了解个体的文化身份、价值观和信仰，分析其对心理健康的影响。第二，语言和沟通。确保使用个体能够理解的语言，并考虑非言语交流的文化差异。第三，文化适应性干预。调整治疗方法，使之与个体文化价值观和生活经验相契合，将文化特定的元素融入治疗中。第四，家庭和社区参与。强调在许多文化中,家庭和社区在个体心理健康中扮演着重要角色。

在全球化日益加剧的今天,跨文化心理健康取向推动了更为全面和包容的心理健康实践,满足了日益多元化的社会需求。

(六)积极心理学取向

积极心理学,作为心理学领域的一个分支,由马丁·塞利格曼于1998年提出,专注于研究和促进个体的幸福感、优势、韧性以及其他积极特质。与传统心理学主要关注心理疾病的治疗不同,积极心理学强调挖掘和利用人类的积极潜能,探索如何帮助个体实现更高质量的生活。

积极心理学的核心理论包括:①幸福感理论,塞利格曼提出的"PERMA"模型,强调正面情感、投入、人际关系、生活的意义和个人成就作为幸福感的五大支柱。②优势与美德,积极心理学鼓励识别并培养个体的核心优势和美德,如勇气、爱心、智慧等,以增进个人和社会的整体福祉。③韧性和成长,研究如何在面对生活挑战时促进个体的心理韧性和个人成长。

积极心理学的应用已在多个领域取得显著成效,特别是在个体心理健康、教育领域和组织管理中。在个体心理健康方面,设计了一系列积极干预措施,如感恩日记、优势使用、正念训练等,旨在提升个体的积极情感、幸福感和韧性;在教育领域,积极心理学的元素被融入学校教育中,帮助学生培养积极情感、社交技能和解决问题能力;在组织管理领域,通过识别和利用员工的优势,提升工作满意度和团队绩效。

总体而言,积极心理学强调个体的积极特质和潜力,为心理健康提供了新的视角,有助于提升已经具有良好心理健康的人的生活质量,同时为预防和干预心理疾病提供了新工具和策略。

三、职业心理健康的内涵

沈德立(2004)提出了"心理健康素质"概念,认为个体在遗传和环境共同作用下形成的内在且相对稳定的心理品质会影响个体的心理、生理和社会功能,并决定其心理健康水平。张秀阁等(2016)进一步指出,这些心理品质受遗传和环境双重影响,决定个体的心理社会功能,并显著影响心理健康水平。心理健康素质的核心组成包括但不限于自我概念、人际健康素质、情绪稳定性、心理韧性、社会适应性、生活信念及健康信念等心理特质。实证研究表明,不同职业群体的心理健康素质存在显著差异,这可能与教育水平、工作环境、社会地位等多种因素密切相关。

在探讨职业心理健康时,还需关注一个相关领域——职业健康心理学。

(一)职业健康心理学

职业健康心理学是一门融合心理学与职业健康领域的交叉学科,主要关注工作环境如何影响个体的心理健康,并探讨如何应用心理学原理来改善工作环境、提升员工福祉。自20世纪中叶以来,北美和欧洲的学者开始广泛研究工作组织与心理健康之间的关系,推动了该领域的发展。

职业健康心理学不仅是一个独立的研究领域,还涉及心理学、健康学、组织行为学和公共健康等学科。其研究重点在于识别和干预工作环境中的心理健康问题,以提高工作场所的整体健康水平,提升员工的工作满意度和生产力,同时减少与工作相关的心理健康问题和疾病(Quick et al.,1997;Sauter et al.,1999)。

该领域的研究重点包括:识别和分析可能导致员工心理压力、职业倦怠及健康问题的工作组织因素;探讨职业环境与健康之间的联系;研究组织氛围、职业压力、社会支持以及领导方式对员工健康和幸福感的影响。在全球化进程不断深化的背景下,组织中员工的工作性质正在经历巨大的变化,受到经济、科技、政策等多方面因素的影响。来自不同文化背景的员工在同一组织中共事的情况日益增多,因此,职业健康心理学的研究和实践以全球化的视角,推动跨文化的综合性探索。

(二)职业心理健康

职业心理健康研究关注个体心理因素与特定职业之间的相互作用,既包括个体心理素质对职业适应性的影响,又包括不同职业对个体身心健康与行为绩效的潜在影响。

不同职业对从业者心理素质的要求各异,这影响着个体的心理健康状态。例如,高压力职业可能增加工作压力和职业倦怠风险,而创造性工作可能带来更高的职业满足感。个体的心理特征,如抗压能力和适应性,直接影响其职业表现和心理健康水平。

职业心理健康研究关注工作环境中的心理状态和问题,如工作压力、职场冲突等,并探讨这些因素对员工心理福祉的影响。尽管职业心理健康与职业健康心理学存在一定交叉,但前者更侧重于个体心理状态的分析与心理干预,而后者更关注组织因素对个体心理健康的系统性影响。

职业心理健康不仅涉及职业适应性和职业效能，还涵盖职业认知、职业自我意识和职业心理弹性等方面。这些因素共同影响个体在职业生涯的成功与职业满足感。

根据职业心理健康水平的不同，可以划分为三个层次：不健康的层次表现为职业适应性差，无法胜任职业要求，工作绩效较低，并可能伴随身心疾病、心理疾病或障碍，甚至出现违反社会道德规范、违反法律的行为，如教师的虐童行为、公务人员的贪腐行为等；基本职业心理健康是低层次水平，表现为能够满足职业的基本要求，按部就班地完成工作，但缺乏更高的职业追求和工作热情；积极的职业心理健康是高水平的职业心理健康状态，表现为强烈的职业动机和兴趣，具有较高的职业效能，能够主动迎接挑战，并创造性地完成工作，在职业中获得成就感，实现个人价值。

职业心理健康研究关注不同职业对个体心理和行为表现的影响，对提升工作效能、预防心理健康问题和促进职业满足感具有重要意义。

(三)职业健康心理学与职业心理健康的关系

职业健康心理学与职业心理健康在提升工作场所健康方面发挥着关键作用。二者虽紧密相连，但在研究关注点、应用范围，以及研究方法上各有其独到之处。深入理解二者之间的关系，对于全面认识其在促进工作环境健康中的作用至关重要。

第一，在互补性与研究范围方面，职业健康心理学提供了广泛的理论框架，涵盖职业心理健康的诸多方面，同时涉及更广泛的健康议题和预防策略。而职业心理健康则更聚焦于个体层面的心理状态与调适，是职业健康心理学的重要组成部分。

第二，在方法与应用上，职业健康心理学强调跨学科整合，结合多学科理论与方法，通过系统性干预，优化工作环境，提升员工整体健康水平。相比之下，职业心理健康主要运用心理学的方法和技术，以改善个体的心理状态并提升主观幸福感。

第三，在目标与成果方面，尽管两者都致力于提高员工福祉与组织效能，但职业健康心理学的目标更为广泛，不仅关注心理健康，还涉及生理健康、社会适应及组织福利等方面；而职业心理健康则聚集于个体的心理适应、情绪调节和心理弹性等问题。

总体而言，职业健康心理学为理解和干预职业心理健康问题提供了更系统的理论框架和实践指导,而职业心理健康则通过针对个体的心理干预促进员工福祉。二者相辅相成,共同促进健康的工作环境,提升员工的整体福祉。

第二节 教师职业心理健康研究的意义与目的

随着教育现代化的推进,教师的职业角色和工作要求日益多元化,教师不仅承担知识传授的责任,还在学生心理健康、人格塑造和社会适应等方面发挥着重要作用。然而,在当前复杂多变的教育环境中,教师群体面临着日趋严峻的心理挑战,职业倦怠和心理压力过载现象日益受到关注。深入探讨教师职业心理健康的相关理论,明确其研究的意义与目标,既有助于丰富教师教育心理学领域的理论体系,也可为教育实践和教师队伍建设提供有效的指导和支持。

一、教师职业心理健康研究的意义

教师职业心理健康直接影响其工作表现、专业发展与职业认同,对教学质量与学生成长起关键作用。研究表明,教师良好的心理状态能够显著提升教学效能,优化课堂教学环境,积极影响学生的心理健康与社会适应;相反,长期承受高压力与情绪困扰的教师则更易产生职业倦怠,降低工作效率,甚至影响其与学生之间的关系。因此,系统开展教师职业心理健康研究,能深入揭示教师心理问题产生的内在机制,为制定科学的干预策略和政策措施提供依据,从而有效推动教育质量的持续提升和教师队伍的稳定发展。

(一)教师职业心理健康关乎教育质量与学生成长

教师的心理状态对学生的心理健康和学业发展具有直接影响。已有研究表明,教师的情绪稳定性、职业适应水平、教育方式及师生互动质量,都会对学生的学习体验和心理发展产生深远的作用(文红 等,1999)。尤其是在中小学阶段,教师的职业倦怠、负面情绪以及不良的应对方式,可能会通过隐性或显性的方式影响学生的情绪调节能力、人际交往模式及学习态度,甚至可能成为学生心理问题的重要诱因。

从教育生态的角度来看,教师不仅是知识的传授者,更是学生成长过程中重要的心理支持者和行为示范者。如果教师缺乏积极的职业认同感,或者长期处于心理压力和负面情绪的困扰之中,其教学热情和教育方式可能会受到影响,进而会对学生的学习动力和自我效能感产生消极作用。因此,关注教师职业心理健康,是构建健康校园生态、促进学生全面发展的重要保障。

(二)教师职业心理健康影响职业效能与教育公平

教师的心理健康状况不仅关系到其个人的职业幸福感,也直接影响其教学质量和职业效能。已有研究表明,教师的情绪调节能力、压力管理水平、职业倦怠程度等心理因素,与其课堂管理能力、教学创造力和教育热情密切相关(Borg et al.,1991;Boyle et al.,1995)。心理健康水平较高的教师更容易保持积极的教学态度,营造良好的课堂氛围,并与学生建立和谐的师生关系,从而提高教学效果。相反,如果教师长期处于不良心理状态,则可能降低其工作效率,甚至影响教学质量和教育公平性。

此外,教师职业心理健康还影响教育资源的合理配置和教师队伍的稳定性。近年来,教师群体中出现的职业压力过大、离职率上升、职业倦怠等问题,已经成为制约教育可持续发展的重要因素。尤其是在经济欠发达地区,教师群体面临的心理压力更大,且有效的心理支持和干预机制相对薄弱,这在一定程度上加剧了教育资源的不均衡。因此,通过科学系统的心理健康评估与干预体系,提高教师的职业心理适应能力,不仅有助于优化教师队伍建设,也能在更宏观的层面上促进教育公平。

(三)构建教师职业心理健康测评与支持体系的必要性

尽管教师职业心理健康的重要性已得到广泛认同,但目前相关研究仍存在理论体系不够完善、测评工具标准化程度不足、心理干预机制尚不健全等问题。因此,深入研究教师职业心理健康的结构体系,并建立科学有效的测评工具和干预机制,是当前教育心理学研究的重要任务。

首先,应在国内外已有研究的基础上,结合我国教师的职业特点,构建符合实际需求的教师职业心理健康概念框架,并基于积极心理学的视角,提出系统的测评方法。其次,通过问卷调查、访谈研究等方法,对优秀教师的职业心理特征进行深入剖析,探索教师职业心理健康与职业行为效能之间的内在联系,并在实践中不断优化测评体系。

在建立测评体系的基础上,还需探索教师职业心理健康的影响因素,了解教师在职业发展中的心理状态变化,并通过事前预防、科学干预等手段,降低职业倦怠和心理障碍的发生率。同时,建立教师心理援助与支持系统,为教师提供个性化的心理调适方案和职业心理健康提升路径,帮助教师更好地适应职业要求,保持积极的职业心理状态。

综上所述,教师职业心理健康的研究不仅有助于丰富和完善教育心理学理论体系,还能在实践层面推动教师心理健康测评标准的建立,并为教师群体提供更科学有效的心理支持。通过系统的研究和实践探索,可以进一步优化教师职业心理健康的干预策略,提升教师职业幸福感,最终实现教育质量的整体提升和教育公平的进一步推进。

二、教师职业心理健康研究的目的

教师职业心理健康研究旨在系统探讨教师职业心理健康的内涵、测评方法及其与教育教学效果的关系,以构建科学合理的教师职业心理健康评价体系。在分析国内外相关研究成果的基础上,结合我国教师的职业特点,从积极心理学的视角出发,揭示教师职业心理健康的概念、内涵结构与影响因素。

为确保测评工具的科学性和实用性,研究将通过问卷调查与访谈相结合的方式,对优秀教师群体的心理特征、教育行为及教学成效进行深入分析,以揭示心理健康与教育绩效之间的内在联系。同时,研究将探索教师职业行为效能的评价方式,并在动态、发展的视角下,建立适用于教师群体的心理健康标准,形成全面、客观的测评体系。

此外,研究还将致力于剖析教师职业心理健康的构成要素及其影响因素,为理解并预防潜在的职业风险建立教师心理援助与支持体系,提供针对性的心理干预与调适方案,促进教师的职业适应与心理健康。

第三节 教师职业心理健康的研究现状

身心健康的教师才能培养能出身心健康的学生。教师的心理健康不仅影响其个人职业生涯的发展和幸福,更关系到学生的成长质量和社会的整体发展。

近年来,随着社会的飞速发展和职业压力的加剧,教师这一群体因高负荷的工作以及来自社会、学生和家长的情感和责任压力,易产生心理健康问题。研究显示,心理健康问题和身心疾病可能导致教师提前退出教育岗位(Bauer et al.,2007),工作压力过大导致教师易出现挫败、倦怠和躯体不适(Bartholomew et al.,2014;Hultell et al.,2013;Pietarinen et al.,2013)。由此,教师职业心理健康问题成为影响教育教学质量的重要因素,具有重要的研究意义。

一、教师职业心理健康的研究内容

如前文所述，当前对心理健康的内涵，学者们尚未形成共识。当前对教师职业心理健康的研究主要集中在心理健康的内涵与结构构建上，并将通用的心理健康理论和研究工具应用于教师这一特定职业群体，即教师心理健康的研究。但鲜有关注教师心理健康与其教育教学质量内在联系（即教师职业心理健康）的理论或实证研究。

林崇德（2007）认为，教师心理健康是指教师在对自身角色的深刻理解和认识的基础上，依照社会的期望和自身的实际状况不断对自己的行为及心理进行调整，使其能够适应角色的要求，并不断促进角色向积极方向发展的状态。俞国良等（2001）主张教师心理健康应涵盖教师的心理过程、个性特征，以及与其职业特征有关的心理要素。

现有研究多采用问卷调查、深度访谈等方法，收集教师的心理健康数据，测量指标包括心理压力、心理适应、自我效能感、心理韧性等。研究常用工具有 SCL-90、焦虑自评量表、抑郁量表等，有研究显示，中学教师中睡眠问题、强迫问题、抑郁、焦虑等的检出率较高（于晓琪 等，2024）。对教师主观幸福感的一项横断历史研究发现，教师主观幸福感在逐年下降，其中中小学教师的主观幸福感的下降趋势更明显（辛素飞 等，2021）。这些问题的存在不仅影响了教师的个人发展，也对教育教学工作的质量造成了潜在的消极影响。在教师心理健康的结构研究方面，俞国良等（2010）编制了由自我、社会、工作和生活四个分量表组成的"教师心理健康评价量表"。边玉芳等（2003）用内隐研究的方法探讨了教师心理健康，研究发现中小学教师认为心理健康的教师应该具有道德品质、人际关系、责任感、自我效能和情绪、创造力、工作态度和素质 6 个方面的特征；张承芬等（2001）对教师应具备的心理品质的内隐研究表明，教师、家长和学生共同认定的最重要的教师心理品质包括客观公正性、移情性、角色认同、有恒性、监控性、责任感、非权势等 11 项心理品质。研究者还关注教师职业智能、心理健康、社会心理、角色意识和性别角色心理等职业心理素质，以便了解教师如何提升自身的心理素质，以应对职业生涯中的挑战。

在教师心理健康的影响因素方面，Byrne（1991）研究发现角色冲突、工作负荷、班级气氛、决策和内/外控制源都不同程度地与倦怠相关。Laughlin（1984）

用澳大利亚教师作为样本,发现女教师更多地反映与学生问题相关的压力。Hakanen 等(2006)发现倦怠在高工作要求对健康的负向影响中起调节作用,还发现情绪智力对教师职业倦怠有一定的影响作用。他的研究也涉及教师的职业认同和价值观,发现教师的职业使命感、工作价值观、职业认同感等都是影响教师心理健康的重要因素。

对于教师心理健康标准的研究,不同的学者提出了不同的看法,申继亮等(2001)将教师心理健康的核心标准理解为个性与社会性两个方面;俞国良等(2001)从工作、人际、自我、独创性和情绪控制五个方面提出了教师心理健康的具体标准。

基于对教师职业心理健康现有问题的分析,研究者提出了一系列干预措施,以提升教师的心理健康水平。包括加强教师心理健康教育、提供专业培训、建立心理健康服务平台、优化教育体制等(程少波,2019;吴淑莹 等,2019),旨在为教师提供一个更加健康、积极的工作环境,以提高教师的心理健康水平,进而提升教育教学的质量。

二、教师职业心理健康的研究方法

教师职业心理健康可以采用多种方法开展研究,包括定量、定性以及混合研究方法。

(一)定量研究方法

定量研究方法主要依靠结构化问卷和标准化工具,通过调查收集大样本数据,利用统计分析探讨变量间的复杂关系。例如,为了研究心理弹性对特殊教育教师心理健康影响,使用心理弹性量表和症状自评量表对特殊教育教师展开调查。常用的统计分析方法有建立结构方程模型(SEM),例如,可以用 SEM 检验职业压力、心理健康和潜在中介变量(如社会支持)之间的复杂关系。

(二)定性研究方法

定性研究方法能够更深入地了解教师个人经历和影响其心理健康的细微因素,常见的定性方法有深度访谈、焦点小组和案例研究。深度访谈和焦点小组常用于收集教师关于其个人经历、情感体验以及对工作压力的主观认知;案例研究可以提供关于特殊经历的深入洞察,从而揭示教师心理健康问题的深层原因。

(三)混合方法研究

混合方法研究结合了定量和定性方法,实现数据类型互补,比如同时使用定量调查和定性访谈来评估组织干预对教师心理健康的影响;先进行定性探索,然后进行定量数据收集。定性数据有助于理解背景并指导定量测量方案的制定。

此外,随着技术和数据分析的进步,新的研究方法也不断地应用于教师职业心理健康研究。例如,生态瞬时评估(EMA)用数字设备实时收集教师行为和心理健康数据,揭示教师心理状态的动态变化;用网络分析来探索影响教师心理健康的各种因素(如工作量、社会支持和心理弹性)之间的复杂相互作用。

当前,教师心理健康实证研究多为横断面设计。研究对象包括幼儿、小学、中学、高等教育、特殊教育和职业中学教师,但分布不均衡,主要表现为:女性被试数量明显多于男性;研究主要集中在城镇,对乡村教师的研究较少。

研究的总体特点为:①结论的一致性较差。多数研究样本量较少,取样集中于某一地区,甚至某几所学校,样本之间差异大,结论缺乏可比较性和可推广性。研究工具和方法差异也较大,即使采用同一工具,由于研究者的评判标准不一,得出的结论不一致,难以对比。②前因性研究较多,机制性研究不足。前因性研究是探查某一年代、某些教师心理健康的状态及其影响因素,是在特定时间和背景下分析所选择的样本,具有很强的实践意义,但是研究结果难以整合并形成理论。机制性研究是从理论层面探索教师心理健康变化的一般规律,但难以操作。目前已有研究多为前因性研究,由于研究时间和取样、方法及标准的差异,很难形成系统的理论体系,教师心理健康的机制性研究有待进一步加强。③横断面研究较多,纵向追踪研究较少。在研究设计方面,目前关于教师职业心理健康的大多数研究是横断面研究,这种研究虽然能够提供对特定时间点各变量之间关系的快照,但难以揭示变量之间因果关系和长期效应。横断面研究通常一次性收集数据来分析变量之间的关联,难以确定变量之间的因果关系。例如,通过横断面研究可以发现高工作量与教师职业倦怠程度高相关,但无法确定是工作量导致了倦怠,还是感到倦怠的教师感知到更高的工作压力。此外,横断面研究也无法追踪心理健康状态的发展过程和变化趋势。教师职业心理健康状况可能会随着时间、教育政策的变动、学校环境的变化,以及个人生活事件的影响而发生变化。没有纵向数据,就无法有效追踪和分析这些动态变化对教师职业心理健康的长期影响。

因此,未来的研究需要更多地采用纵向追踪研究设计,更准确地揭示教师职业心理健康的影响因素、发展模式和干预效果。纵向追踪研究通过在不同时间点对同一样本进行多次观察,能够提供时间顺序和变量间因果关系的证据,从而更深入地理解和应对教师面临的心理健康挑战,促进更有效的干预措施开发和实施。

三、教师职业心理健康研究存在的主要问题

教师职业心理健康是一个复杂且多维的领域,它不仅关系到教师的个人福祉,也影响到教育质量和学生的成长。然而,这一领域的研究目前面临若干挑战,包括理论体系、研究视角、文化适应性,以及职业针对性等多个方面。

(一)理论体系不完善

教师职业心理健康研究中存在的首要问题是理论体系不完善。当前的研究往往依赖于广义的心理健康理论,特别是建立在精神医学体系上的理论。如压力理论、倦怠理论和心理弹性理论,缺乏专门针对教师这一职业群体的理论框架。导致理论应用时的泛化问题,难以准确捕捉教师特有的心理健康需求和压力源。例如,教师在职业生涯中面临的特定挑战,如教学压力、学生行为问题以及与家长的互动等,需要更细致的理论描述和分析。

(二)研究视角过于单一

当前研究多采用量化方法来评估心理健康状况,如通过问卷调查收集数据。这种方法虽然能够处理大量样本,但忽视了教师个体差异,具体情境的复杂性。此外,定量研究难以深入探索教师的主观体验及其应对策略。因此,需要结合定性研究方法,如深度访谈和案例研究,以获得更全面和深入地理解。

(三)文化适应性问题

教师职业心理健康的研究往往缺乏足够的文化适应性。许多理论和模型是基于西方社会和教育系统而发展的,这些理论在不同文化和教育体制背景下可能不完全适用。不同的文化背景下,个体从价值观念到行为特征都会表现出系统性的差异。例如,亚洲和非洲国家的教育环境与欧美国家存在显著差异,这些差异可能影响教师的压力感知和应对策略。因此,构建立足于本土文化的教师职业心理健康理论与工具已经成为一个亟待解决的问题。

(四)职业针对性问题

尽管教师作为一个专业群体具有其独特性,但现有的研究往往没有充分考虑到这种职业特性对心理健康的影响。教师职业涉及的道德压力、情感劳动,以及职业身份的构建等方面,在一般心理健康研究中往往被忽视。因此,专门针对教师的职业特性进行设计研究,探讨这些特定因素如何影响心理健康,将有助于制定更有效的支持和干预措施。

综上所述,虽然对教师职业心理健康的研究已取得一定成果,但在理论构建性、研究方法性、文化适应性以及职业特定性方面仍存在不足。未来的研究应加强纵向追踪和机制性研究,构建系统的理论框架,为教师职业心理健康的干预和支持提供更科学、更有效的依据,从而推动教育教学质量的提升和教师队伍的可持续发展。

第四节　教师职业心理健康的内涵与结构

一、教师职业心理健康的内涵

职业心理健康主要关注个体在工作环境中的心理状态和情绪状况。它涉及员工如何管理与工作相关的压力、维持工作与生活的平衡、建立和维护积极的职场关系、获得职业成就感,以及如何展现出适应性和复原力。职业心理健康的好坏直接影响到个体的工作表现、职业满意度,以及整体生活质量。

按照社会角色分类,教师职业属于成就型角色、表现型角色、自觉型角色和规定型角色。成就型角色要求教师是需要高成就动机的职业;表现型角色是指教师需要以表现社会秩序、制度、价值观念、道德风尚为目标;自觉型角色是指教师对自己的角色扮演有较为明确的意识,育人为本,以自身行为潜移默化地影响学生;作为规定型角色,教师在实现其职业价值时,行为具有较高的规范化程度,具有表率作用,所谓"德高为师,身正为范"。教师角色的特殊性决定了从事教师职业要求特定的心理健康素质。这意味着教师心理健康的研究与其职业的特定要求有着密切的联系,需要在教师心理健康与其教育教学质量之间建立关联,即教师职业心理健康。

职业是一把双刃剑,在创造价值、为社会作出贡献的同时,职业情景、职业角色和职业行为也对工作者产生影响,并在身心健康方面有一定的体现。教师职业的特殊性,决定了从事这一职业需要特定的心理品质,包括感知、注意、记忆、思维在内的认知品质以及元认知能力,良好的情绪情感品质和健康的人格特征,此外,从事教师职业还需要不断地学习和适应新的知识、新的环境。教师职业的特殊性,决定了教师的心理健康水平应当具有社会公认的高标准。对于教师职业心理健康,国内外目前都缺乏科学统一的界定与标准。

教师心理健康的早期研究认为,教师心理健康是指个体内部和谐和外部适应相统一的良好精神状态。主要表现为社会适应良好、个性健全、行为协调、情绪稳定等。简而言之,是知、情、意等方面的健康发展。传授知识既博又专的特殊性要求教师心理健康以正确的认知为基础;教师职业自主受限制的特殊性要求教师有较强的心理调适能力;服务对象的多样性要求教师要有多维度的心理取向,能够因材施教、因人施教;注重情感培养,加强自我形象塑造(刘艳,1996)。

在教师职业心理健康研究方面,有学者认为:教师职业心理健康是指教师在开展教育工作时各种心理活动能正常进行,具有良好的自我调节能力和对外界影响的正确应答能力。作为教师职业心理健康的主要指标,既要符合一般人对心理健康的要求,又要体现教师职业的特殊需要。主要指标包括:①角色认知的愉悦性。对自己的职业能正确理解,对自己所扮演的角色能愉快地接纳,是教师心理健康的基本标准。②心理环境的稳定性。教师的心理环境是指教师心理活动的内部基础,是心理产生和行为发生的供应系统,应该是稳定、乐观、积极的。③教育关系的和谐性。正确处理学生、家长、领导以及与其他教师之间的人际关系。④适应改变的灵活性。对不良环境的改变和对良好环境的适应(吴伟强,2005;王学峰,2009)。还有学者认为,教师职业心理健康是教师个体应当具备与教师职业相关的心理品质和心理特征的总和,包括职业意识、职业技能和职业行为。教师职业心理健康的基本标准包括:乐观的角色认知,正确的自我心理,较强的自我调控能力,创造性的教育智能,健全的个性人格和灵活的人际交往(王敏,2008)。田淑梅等(2006)提出,高校女教师职业心理素质结构包括五个方面:职业智能素质、心理健康素质、社会心理素质、职业角色意识、性别角色心理素质。其中,职业智能素质即指直接影响教师职业活动效率和进度的职业心理素质,包括从事教师职业所需的知识结构和技能结构;心理健康素质包括情绪情感健康、自我观念、心理承受力三个维度;社会心理素质指个体所具备的社会认知能力和社会调控能力,以应对环境认知、人际协调、竞争与合作等事件;职业角色意识则指个体对从事职业的动机、效能感、价值感、道德感、理想与追求等心理意识；性别角色心理素质指个体对自身性别角色、社会地位的认可和履行相应义务时所表现出的特有心理品质。

有的学者对教师职业申请人进行了研究，认为师范院校学生职业心理健康标准主要包括：①认知活动正常。智力正常，乐于学习，积极参加教育实践活动，喜欢科研，会学习，勤钻研，具有综合教育能力。②良好的自我意识。有自知之明和自我同一感，悦纳自己，关心自己，尊重自己，有较强的自信心，能自主决策，不过于自责。③高尚的道德情操。良好的道德意识、信念和观念，准则内化稳定，有正确的世界观、人生观、价值观，有较强的道德判断和选择能力，有爱心，关心、尊重学生和他人，爱护家人，自觉遵守家庭伦理道德，有优秀公民的意识和行为，不损害他人的利益来满足自己的需要。④适度的情绪情感体验和反应。善于从学习、生活、工作中寻求乐趣，对生活充满信心和希望。能适时地调节自己的情绪情感，经常保持乐观、豁达、丰富、充实的心境。注意维护情绪情感与周围环境的动态协调平衡，情绪反应适时适度。⑤较强的意志品质。自主性和独立性较强，行为目的明确而坚定。明辨是非，行为果断，坚韧性强，有恒心、有毅力、自制力好，能适时调节自己的动机、情绪、言语和行为，抗干扰性强。⑥人际关系和谐。参与集体的意识强，合群、乐群，交际能力强，既能信任朋友又能保持独立的个性，善于在交际过程把握分寸，不卑不亢，客观地评价他人，悦纳他人，善于处理人际关系。⑦有较强的人格力量。人生的奋斗目标明确，事业心和责任感强，有开拓进取的精神，个性丰富，善于运用信念、理想、价值观等动力因素来调控和指导自己的心理行为。⑧行为正常。行为反应与身份相称，与性别一致，积极、良性、行为可控，与年龄特征相符。⑨能动地适应环境。正确地认识现实环境，注重个性与环境的相互作用，能正视不利因素，主动改变生存环境，具有积极的处事态度，妥善解决各种挫折和心理困扰，注重体验现实环境中的生存价值感（黄莘，2005）。

教师心理健康的诊断方法主要有心理测量法、社会适应判定法、临床症状判定法、访谈法、调查法等。目前我国使用较多的是心理测量法。采用的测量工具主要有 SCL-90、16PF、Y-G 人格量表，生活事件调查问卷，教师工作满意度调查问卷，职业心理紧张调查问卷等。其中，SCL-90 心理健康量表是目前教师心理健康调查研究中广泛采用的测量工具。

教师职业心理健康一方面体现了成为一名称职教师所必备的心理品质，不仅需要专业知识和教学技能，还需要能够与学生开展有效互动，应对教学中的挑战，并促进学生全面发展。拥有这些品质的教师更加能够从教师职业中取得良好的教育教学效果，建立良好的师生关系，从而获得成就感和职业幸福感。以下是从事教师职业所应具备的心理品质：①耐心。教学过程往往需要时间，学生理解和掌握新知识或技能的速度各不相同。教师需要具备耐心，能够在学生学习过程中提供持续的支持，耐心解答问题，重复讲解不易理解的概念。②同理心。理解和感受学生的情绪、需求和学习难点对于建立有效的师生关系至关重要。具备同理心的教师能够从学生的角度考虑问题，更好地支持他们的发展。③适应性。教育环境和学生需求不断变化，教师需要能够适应变化，灵活调整教学方法和策略。适应性强的教师能够有效应对新的教育技术、教学理念，以及多样化的学生群体。④沟通能力。沟通能力是教师职业的核心。教师需要能够清楚、有效地传达信息，同时也要善于倾听学生的想法和反馈。良好的沟通能力有助于提高教学效果，班级管理效率。⑤情绪稳定性。教师职业可能经常面临压力和挑战，如处理学生行为问题、满足行政要求，以及与家长的互动等。情绪稳定的教师能够在压力下保持冷静和专注，有效管理自己的情绪，为学生营造一个稳定的学习环境。⑥创造力。在教学过程中，创造力不仅限于艺术或写作等传统的"创造性"科目。教师在设计课程、解决问题，以及激发学生兴趣方面的创造力同样重要。创造性地教学能激发学生的思考和参与。⑦承诺与热情。教育是一项长期且有时感觉艰辛的工作，对教学和学生成长的承诺以及对教育事业的热情是保持教师动力的关键因素。热情的教师能够激发学生的学习兴趣和学习动机。⑧专业成长意愿。优秀的教师不断追求专业发展，通过学习新的教学策略、研究教育理论或参加专业发展课程来提高自己的教学技能，更新自己的知识体系。

教师职业心理健康另一方面体现为，如果一个人在从事教师职业时不具备上述心理品质，就可能会面临多种心理健康挑战：①压力和焦虑增加。教师职业本身涉及许多压力源，包括学生表现、家长期望、行政压力以及教学质量的持续提升等。缺乏适应性、情绪稳定性和耐心可能会使教师感到无法有效应对这些压力，从而导致焦虑和压力感增加。②职业倦怠。教师如果缺乏对教育的热情和承诺，可能会更快感到职业倦怠。这种倦怠感不仅可能降低教学质量，还可能影响个人的心理健康，造成情绪低落、精力缺失甚至抑郁。③人际关系问题。如果教师缺乏有效的沟通能力和同理心，可能会在与学生与家长的互动中遇到困难,导致误解和冲突,进一步影响教师的情绪和心理健康。良好的人际关系是支持教师职业满意度的关键因素。④自我效能感下降。教师如果感觉自己无法满足职业角色的要求,可能会导致自我效能感的下降。感觉自己无法对学生的学习产生积极影响,或无法达到教育的高标准。这种感觉可能导致自我价值感降低和职业成就感缺失。⑤心理弹性下降。心理弹性是指个体在面对挑战和压力时恢复和适应的能力。教师如果缺乏适应性、耐心或情绪稳定性,可能会发现自己在应对职业生涯中的逆境时缺乏弹性,从而增加心理和情绪问题的风险。⑥整体健康问题。长期的心理压力和职业倦怠不仅影响心理健康,还可能导致身体健康问题。例如,长期的压力可能引起睡眠障碍、心脏病和免疫系统功能下降。

在广泛借鉴职业健康心理学与工效学的最新研究成果的基础上,综合前人对教师心理健康的研究,我们认为教师职业心理健康是教师在从事教师职业过程中,能够保持稳定积极的情绪状态、良好的认知功能和健全的适应性,能够有效应对职业压力,实现专业发展,最终拥有良好的教育教学效能与职业幸福感的心理状态。

从具体表现来看,教师职业心理健康从认知上表现为了解受教育对象的心理特点及发展规律,理解教育内涵,具有扎实的学识,能够在反思中成长;从情绪情感上表现为情绪稳定,爱党爱国,热爱学生,有仁爱之心,有强烈的使命感,能够从教育事业中体验到成就感与幸福感;从行为上表现为行为协调,社会适应良好。

二、教师职业心理健康的结构

对教师幸福感、教师心理健康、教师职业倦怠和教师职业承诺等方面的研究,前两者是对"作为人的教师"的心理的研究,后两者是对"作为教师的教师"的心理的研究。对"作为教师的教师"的心理的研究,实质上是对教师职业心理的研究,又可以分为对教师消极职业心理的研究(如教师职业倦怠)和对教师积极职业心理的研究(如教师职业承诺)。对教师消极职业心理进行研究,旨在探究教师出现消极职业心理的根源,寻求降低或消除这些根源的措施,以提高教师职业心理健康水平。对教师积极职业心理的研究,则可以根据其正性功能或影响因素等,寻求有效措施与积极支持,旨在使教师的积极职业心理在现有的基础上达到更高的水平。

目前大多的研究集中于教师的心理问题和职业倦怠等负性心理指标,相对忽略了教师的积极心理体验。作为积极心理学研究领域核心部分的幸福感的研究大体分为两种取向:一种涉及快乐感(享乐主义幸福感),另一种涉及人类潜能(快乐式幸福感)即通常提到的主观幸福感和心理幸福感(Ryan et al.,2001)。主观幸福感是衡量个体生活质量的重要综合性心理指标,心理幸福感是指幸福不仅仅是获得快乐,而且还包含了通过充分发挥自身潜能而达到完美的体验。主观幸福感和心理幸福感的主要区别在于两者对于幸福内涵的视角不同:主观幸福感更多强调的是对感情和生活质量的整体评价,侧重于对人们幸福感的研究;而心理幸福感则更多强调的是对生活中存在的挑战的感知,侧重于对生活意义感的研究,他们是积极心理机能截然既不同又相互联系的两个方面(Diener et al.,1999)。主观幸福感、心理幸福感与社会幸福感(关注个体的社会表现、社会功能和社会特征)三者的融合,形成现代积极心理健康模型。

教师职业心理健康研究受积极心理学思潮影响,近年来对积极职业心理的研究,以及关注教师职业心理与职业效能关系的研究逐渐增多。研究者从教师职业认知特征、教师职业精神、教师职业道德、教师职业韧性、教师自我效能感、教师职业认同等领域对教师职业心理健康素质及特征展开了多方面的深入研究。时代和社会发展对教师职业提出了越来越高的要求。"什么样的教师才是好教师?"学者们逐渐从外在的教师职业技能关注转向对教师内在的专业精神的研究。20世纪90年代末Palmer等提出"教师使命"位于教师专业精神最核心层次。2004年荷兰学者Korthagen在教师特质的洋葱模型中正式提出并阐述教师使命的概念。好教师最基本的特质共有6层,由外而内依序为从可直接被观察的环境、行为到专业能力、专业信念、专业认同、教师使命。洋葱模型中最核心、最深层的是教师使命。Korthagen认为教师使命关注的是比任何层次都更高且更深入的问题,即从事教师职业的目的。教师使命感的内涵分为两个层次,教师职业使命感和超越性使命。职业使命感是低层次专业精神的初步提升,此时职业使命尚未形成习惯化和自动化,教师还需要去知觉和感知,感知职业的目的、意义和价值所在,追求生命价值的"自我实现"。超越性使命已经再次升华,形成精神的内核,是强大的精神力量之源。他认为教师超越性使命与积极心理学所强调的个人正向特质(创造力、信任、关怀、勇气、敏感、果断、自发性和灵活性等)和核心特质(感恩、正直、创造性等)有关。超越性使命具有极强的内在主动性,不需要教师刻意感知它,却已经深深影响教师的行为表现,渗透在教师日常教育教学实践的方方面面,是一种"不以自我实现为目的的自我实现"(张丽敏,2012)。

结合职业健康心理学与积极心理学的发展趋势,聚焦于教师工作效能与生活品质具有提升作用的积极的认知、情感、行为特征;立足于国家教育长期发展规划和我国教育特点;综合国内外学者的研究,以我国教师的工作特点为基础,我们认为教师职业心理健康结构应包括:教师职业道德、教师职业能力、教师职业情绪和教师职业适应。

(一)教师职业道德

教师职业道德,简称为"师德",是指教师在教学领域、人际交往领域、教育科研领域中应遵循的道德准则和行为规范,以及与教师职业相适应的比较稳定的道德观念、情操和行为品质。这一内涵包含了两层含义,其一是指教师在教育实践过程中所应当严格遵守的各种行为准则,其二是指这些道德规范在教育教学活动中,通过内化作用所形成的师德品质。

师德是一个古老而又崭新的话题,不同时代的思想家、教育家都在教师职业道德的一些带有共同性和普遍性的问题上进行了探索和创新,建立了我国传统教师职业道德思想体系,形成了极富民族特色的传统师德观。2011年,教育部、中国教科文卫体工会全国委员会印发了《高等学校教师职业道德规范》,其中明确指出,教师职业道德包括"爱国守法、敬业爱生、教书育人、严谨治学、服务社会、为人师表"六个方面。师德正是"捧着一颗心来,不带半根草去"为社会做贡献的一种精神。因此,教师职业心理健康是一种实现自我价值、奉献社会、培养人才的心理状态与体验,师德是其重要内容,也是教师职业心理健康的体现(游旭群,2023)。

(二)教师职业能力

从古至今,不同的学者对教师职业能力进行了界定:古代学者,孔子重视教师职业道德;荀子把教师的德行、信仰、能力、知识及威信作为教师职业素质的基本要求;韩愈认为教师职业能力包括"传道、授业、解惑";朱熹提出"博学、审问、慎思、明辨、笃行"。现代学者,查有良认为"教师应当具备强烈的责任感;掌握必要的知识;具有教育能力、良好的个性、信守教育道德"。林崇德认为教师能力包括教师的职业理想、知识结构、教育观念、教学监控能力和外部行为表现。于漪认为现代教师基本素质包括教育理念、知识背景、教育技能、课堂驾驭能力、教育机制、人际关系处理能力、更新知识和创造能力、教育和教学的研究能力、富有感染力的人格魅力和稳定健康的身心素质。

教师文化底蕴越深厚、专业知识越丰富，职业能力越强，"传道、授业、解惑"就更加形象、丰富，就更有利于培养和发展学生主动求知、自我发展的综合素质。快速发展的社会对于从业者的要求越来越高，教师承担着培养社会主义建设者和提高民族素质的使命，教师职业能力水平直接关系到教育教学质量和人才培养的规格。

(三) 教师职业情绪

教师的工作对象是学生，是处于价值观、人生观正在形成中的学生，教师会对工作对象倾注大量情感，同时自己的情绪也容易受到对方影响。因此，教师的教育教学成效与情绪关系密切，情绪制约甚至影响着教师的思维、判断、决策和行动(石国兴 等,2008)。

美国教育学家鲍德温研究发现："情绪不稳定的教师容易扰动学生的情绪，情绪稳定的教师会让学生有一个平和的心态；在一个能体谅别人的教师影响下，学生也会出现体谅的态度；在不受常规和个人偏见约束的教师影响下，学生也富于创造力；厌倦而失望的教师，他的学生也往往无精打采的。"情绪稳定的教师往往在工作中遇到问题时能够冷静思考，及时有效地寻找解决问题的途径，他们性情温和，能够恰当地处理好与上级领导、其他教师以及学生的关系，具有这样人格特征的教师往往不会发生较为严重的教学事故，他们能够自如地应对日常教育工作(罗茜 等,2012)。只有当教师自身表现出稳定、成熟、积极的情绪时，才能协助学生养成健康的情绪。教师要能够有效地将自己积极的情绪传递给学生，感染他们的内心世界，使师生情感相通。

(四) 教师职业适应

教师要将专业知识、教学、管理、科研等教育技能应用到具体的教育实践，与同事、学生和学生家长和谐相处，就需要人际关系适应、抗压能力和共情等心理素质的适应，才能适应外部环境和客观需要。

教师职业适应决定了教师的职业生涯发展和教育教学成效。职业生涯发展初期，教师可能会对工作中的困难缺少应有的思想准备，想寻找职业发展的捷径，工作重点是讲授和示范，往往忽略学生的个性化需要；在职业适应期，教师在教学中经常给学生以概括性和总结性的知识，而不是让他们提出观点或通过实验学习，教师开始意识到学生的发展要求和形成教学特色的重要性；在职业成熟期，教师理解了自身行为对学生和同事的影响，开始和同事合作，教学技能逐渐熟练,能够很好地组织教学、进行有效的教学评估和改进教学方法。随着职业生涯的发展,职业适应能力强的教师会把重心从教学转移到教育,能够站在学生和同事的立场思考问题,会为自己有能力依据明确的科学教育理念进行决策而感到自豪;会认真分析各项教育活动,看其是否同预期的效果一致;会充分接触外界社会,了解最新信息,积极地寻求变革,强调发展学生更高层次的认识和演绎推理能力;与其他教师分享专长,帮助同事成长,积极地参加专业团体活动和理论研究,在教育发展中获得职业自豪感。

第二章 教师职业心理健康评价体系

教师职业心理健康的评估是一个多维度、复杂的过程,涉及对教师心理状态、职业表现,以及与工作相关的情绪反应的系统性分析。本章旨在深入探讨并构建一个全面的教师职业心理健康评价体系。

在教育领域,教师不仅承担教学任务,还面对来自学生、家长、同事及教育行政部门的多方面压力。因此,一个综合性的评价体系应该能够全面覆盖教师职业生活的各个方面,包括教师的情绪管理、工作满意度、职业倦怠、职业适应能力,以及心理弹性等关键指标。

通过建立科学的教师职业心理健康评价体系,我们不仅能更好地理解教师的心理健康状况,为教师个体提供促进教师职业心理健康的建议和干预措施,还能为教育管理者和政策制定者提供数据支持,帮助他们制定更为有效的教师支持政策,最终提升教育质量和教师的职业满意度。

第一节 教师职业心理健康评价体系建构

教师职业因其独特的压力和挑战,对心理健康的关注需求显著。为深入理解并准确评估教师职业心理健康状态,本研究通过半结构化访谈和焦点小组讨论方法,探索教师职业心理健康的关键维度,开发出相应的评价工具。

一、评价体系结构与题项形成

本研究招募了来自不同学校的 30 名教师,包括不同年级、科目和经验年限的教师,开展了半结构化访谈。同时,组织了6名教育心理学专家和3名学校行政管理人员参与焦点小组讨论。

半结构化访谈:对每位教师进行了约60分钟的一对一访谈,根据对职业心理健康关注绩效与积极心理特点的取向,探讨了教师在职业生涯中印象深刻的事件和对心理的挑战,以及具备哪种特点的人从事教师职业会在教育教学方面有更好的表现,能够更好地应对教师职业可能带来的挑战,并从中获得成就感和幸福感。为了避免受访者对"心理健康"的理解偏见,在访谈中未使用"心理健康"一词。

焦点小组讨论:共组织了三次焦点小组会议,每次会议2小时,讨论对教师职业心理产生影响的因素和支持需求。

访谈和焦点小组讨论均进行了录音并转录成文本,后通过N-Vivo软件进行定性内容分析,识别和归纳主题。

对访谈和焦点小组的谈话分析结果揭示了教师职业心理健康的四个主要维度:教师职业道德、教师职业能力、教师职业情绪、教师职业适应。

结合半结构化访谈和焦点小组讨论的结果,在对国内外相关研究进行分析的基础上,收集和分析了教师心理健康、职业幸福感、教师胜任力的研究;剖析了各国教师资格认证、评价和素质报告;基于我国教师工作特点,借鉴教育和发展心理学、职业健康心理学、心身医学和积极心理学、社会学、工效学及经济学等领域研究成果,编制了教师职业心理健康评价问卷题项共计120个题目。

二、题项的评定

本研究采用德尔菲法对问卷的每个题项进行了专家评定。通过收集并整合各个领域专家的意见,优化和验证问卷的内容和结构,确保其有效性和可靠性。

邀请了20名具有教育心理学领域、心理健康领域和教师教育领域的专家参与本研究。这些专家来自国内不同地区的高等教育机构和研究机构,具有丰富的教师心理及心理健康研究经验。

第一轮调查:向每位专家发送附有问卷初稿的调查表,收集专家对每个题项的初步评价和建议。专家们在题目表述准确性、题项的合并及新增等方面提出了意见和建议,并根据专家意见进行了修订。

数据分析与整合:对第一轮调查结果进行汇总和分析,提取关键建议和修改方向。

第二轮调查:根据第一轮的反馈,修改题项并再次请专家对修改后的问卷进行重新评价,大部分题项的实用性和清晰度得分在 4 分以上(满分 5 分)。专家们认为问卷整体结构合理,能够有效评估教师职业心理健康。

最终问卷整合:整合第二轮调查结果,形成最终的问卷版本。通过两轮专家评审,形成了包括 111 道题的教师职业心理健康评价问卷。

三、教师职业心理健康评价问卷的信效度检验

采用问卷调查法,对教师职业心理健康测评问卷进行项目分析和信效度检验。发现对教师而言,职业心理健康的要素是相通的,但是中小学教师和高校教师的工作内容有一定程度差异,最终形成了两个版本的调查问卷,分别是中小学教师版和高校教师版。

本次调研有效样本 50 219 名教师(其中,高校教师 25 066 名;中小学教师 25 153 名),分别来自全国 30 个省(自治区、直辖市),女性教师占 54%,男性教师 46%。

从中小学教师和高校教师的问卷中分别随机抽取 1 500 份问卷进行项目分析和因子分析。

第二节 中小学教师职业心理健康评价问卷

采用探索性因子分析法(Exploratory Factor Analysis,EFA)对测试结果进行了数据分析。EFA 是用来剖析多元观测变量的本质结构并将具有错综复杂关系的变量综合为少数几个核心因子的技术。采用 EFA 分析的主要目的是在理论分析和实地调研基础上找出影响观测变量的具体因子个数,以及各个因子和各个观测变量之间的相关程度,以揭示影响教师职业心理健康变量的内在结构。初测问卷中有 111 个项目,采取以下标准进行项目删减:①因子载荷 < 0.40 的项目。②最大的两个交叉载荷绝对值均 ≥ 0.40 的交叉载荷过高的项目。③最大的两个交叉载荷绝对值之差 < 0.10 的交叉载荷过于接近的项目。每删减 1 个项目,重新进行探索性因素分析,并依据重新分析的结果确定下一次删除的项目。形成的量表包括 83 个题项,量表的信度良好,内部一致性信度系数达到了 0.95。请专家对最终保留的所有项目进行内容方面的审查,考察了其代

表性与合适性。

一、项目分析

对83个项目进行项目分析,以独立样本t-test检验每个项目的差异。检验结果表明,83个项目均具有良好的鉴别度。p值均小于0.05,且所有项目中95%的置信区间未包含0在内,因此可判断项目具有良好的鉴别度。

二、因素分析

对测验数据进行KMO和Bartlett检验,KMO值为0.97,Bartlett球形检验的值为104 332.65($p<0.001$)达显著,表示适合进行因素分析。

三、因子的解释率

采用主成分分析法抽取特征值>1的因子,经正交旋转,累计解释48.97%的方差,主要因子分析见表2-1。

表2-1 中小学教师职业心理健康因子方差分析

成分	初始特征值			提取平方和载入			旋转平方和载入		
	合计	方差的%	累计%	合计	方差的%	累计%	合计	方差的%	累计%
1	18.97	22.86	22.86	18.97	22.86	22.86	9.00	10.84	10.84
2	5.26	6.33	29.19	5.26	6.33	29.19	5.05	6.09	16.93
3	3.92	4.73	33.92	3.92	4.73	33.92	4.39	5.29	22.22
4	2.20	2.65	36.57	2.20	2.65	36.57	4.23	5.09	27.32
5	2.05	2.47	39.03	2.05	2.47	39.03	3.50	4.21	31.53
6	1.79	2.15	41.19	1.79	2.15	41.19	3.27	3.93	35.46
7	1.55	1.87	43.05	1.55	1.87	43.05	2.87	3.46	38.93
8	1.35	1.63	44.68	1.35	1.63	44.68	2.62	3.15	42.08
9	1.27	1.54	46.21	1.27	1.54	46.21	2.15	2.59	44.67
10	1.21	1.45	47.67	1.21	1.45	47.67	1.90	2.28	46.95
11	1.08	1.30	48.97	1.08	1.30	48.97	1.68	2.02	48.97
12	1.00	1.20	50.17						

续表

成分	初始特征值			提取平方和载入			旋转平方和载入		
	合计	方差的%	累计%	合计	方差的%	累计%	合计	方差的%	累计%
13	0.94	1.14	51.30						
14	0.93	1.12	52.42						
15	0.92	1.10	53.53						
16	0.89	1.07	54.60						
17	0.87	1.05	55.64						
18	0.86	1.03	56.68						
19	0.84	1.01	57.69						
20	0.81	0.98	58.67						
21	0.80	0.96	59.63						
22	0.79	0.96	60.59						

采用主成分分析法提取因子,进行 Kaiser 标准化的正交旋转,旋转在 9 次迭代后收敛,各项目的因子负荷值在 0.40—0.78。

根据因素分析结果得到 11 个因子,通过专家评定进行理论整合,形成了教师职业道德、教师职业能力、教师职业情绪和教师职业适应四个维度。根据每一维度所包含的项目的内容,按照理论构念,对维度和因子命名,见表 2-2。

表 2-2 中小学教师职业心理健康测评维度和因子的命名表

维度	因子	题项数
1. 教师职业道德	1.1 责任与奉献	16
	1.2 仁爱之心	5
	1.3 正义感	3
2. 教师职业能力	2.1 反思	4
	2.2 学习与创新	7
	2.3 主动性	7

续表

维度	因子	题项数
3.教师职业情绪	3.1 稳定性	8
	3.2 坚韧性	7
	3.3 共情	7
4.教师职业适应	4.1 人际沟通	7
	4.2 组织协调	12

四、信度分析

分别计算调查问卷和各维度的克隆巴赫系数作为信度指标,结果显示总量表具有较好的信度,内部一致性信度系数达到了0.95,各维度的信度系数均在0.86以上,见表2-3。

表2-3 中小学教师职业心理健康分析信度系数表

指标	量表	维度1	维度2	维度3	维度4
项目数	83	24	18	22	19
信度系数	0.95	0.91	0.88	0.86	0.89

五、因子释义

教师职业道德是基于教师职业活动的人伦秩序要求和特定职责而形成的行为标准、原则、规范及与此相应的行为、德性和专业精神,教师职业活动中内在的道德规律,是教师应该具有的职业操守,是教师应该承担的责任或应尽的义务。与其他职业道德相比,教师职业道德具有较强的示范性、极强的自律性,蕴含着较高的社会道德期许,所谓"教者必以正"(《孟子·离娄上》)(王淑芹,2015)。教师职业道德不仅仅是教师从事职业工作的客观要求,也是社会发展的必然要求。教师职业道德的形成源于教师对教育的使命感与责任感;源于教师对教育本质和时代发展诉求的深刻认知;源于教师对教育事业的不懈追求。有助于引导学生成为具有自主发展能力的独立、健康的个体。探索性因子分析的结果表明:教师职业道德包含责任与奉献、仁爱之心和正义感3个因子,测评了教师不断进取、追求发展的意愿;设定阶段性目标,自我规划的潜力;对于日常琐事的态度；乐于助人的心态等。

教师职业能力主要包括创新、问题解决、学习自信、洞察力、主动学习和合作精神。探索性因子分析的结果表明：教师职业能力包含反思、学习与创新、主动性等3个因子，测评了教师发现新问题、运用多种方法探索和解决新问题、花费时间和精力投入研究、应对困难的意愿等。

教师职业情绪会对师生关系和工作绩效产生积极或消极的效果，可能会让教师更加热爱教育工作或导致教师情感损耗（龚少英 等，2016）。探索性因子分析的结果表明：教师职业情绪包含情绪稳定性、坚韧性、共情等3个因子，测评了教师遇到问题和挫折的态度；对日常工作、生活、同事的评价倾向；日常的工作心态；对不同观点的看法等职业情绪体验。

教师职业适应是指教师在职业生涯中适应各种环境变化、工作要求和人际关系的能力。这一能力对于维持教师的职业效能和心理健康至关重要。教师职业适应不仅涉及教师如何管理和优化与学生、家长、同事及教育行政人员的关系，还包括教师如何应对教育政策的变动、课程更新、教学方法的创新以及文化和社会期望的变化。探索性因子分析的结果表明：教师职业适应包含人际沟通、组织协调等2个因子。

中小学教师职业心理健康因子的解释见表2-4。

表2-4 中小学教师职业心理健康测评因子释义

维度	因子	含义
教师职业道德	责任与奉献	具有条理性、责任感、成就愿望、自律性和审慎的品质，按规则办事，有责任感，以完全有利于学生成长为目标，不图回报、助人为乐，以社会利益和学生发展为思考和行动出发点，能在一定程度上牺牲物质、时间和荣誉等。
	仁爱之心	热爱教育工作，关爱学生，与学生、同事友好相处，尽职尽责，和谐育人。
	正义感	在处事时合情合理，不偏不倚，具有相对较高的公正感，对公正与否敏感性较高，反应较强烈。

续表

维度	因子	含义
教师职业能力	反思	能够对自己成功与失败的经验进行总结,并能从经验中得到学习与提高,将学生的反馈纳入思考和评价之中,以改进自身的行为。
	学习与创新	能够针对特定的教学对象和教学内容,以提高教学效果为目的,在教学活动的组织和学生评价等方面有所创新,通过评价、总结其他人的有效经验和教训提高自己的教学水平。
	主动性	在教学组织管理中,能按照确定的教育教学目标,充分利用知识和经验,主动解决教学过程中所遇到的问题和困难,提高教育教学绩效。
教师职业情绪	稳定性	情绪稳定性是个体面对挫折、压力与应激事件能够沉着冷静应对与处理的心理特质。
	坚韧性	工作生活中能保持积极情感状态,能以积极情感激励自我,并在与他人交往过程中能保持积极情感状态,尽力完成工作和任务,克服困难,专注于自己的任务,持之以恒地坚持教育理想,对日常例行事务表现出的不急躁、不厌烦的、持久的心理倾向性。
	共情	教师在职业互动关系中,能够换位思考,了解同事、学生和家长的内心世界,并将这种认知传达给他人的心理能力。
教师职业适应	人际沟通	能和学生、家长(或监护人)及同事进行细致而有效地沟通,帮助学生明确其在学生学习中的作用、权力、责任和重要性。
	组织协调	能有效组织并管理教学时间,成功地建立起良好的师生关系,通过言谈举止、学识水平、社会责任、文化修养和情感来影响学生,支持学校工作。

六、效度分析

本研究采用"中小学有效教师行为绩效评定工具"("我国教师职业心理健康标准及测评体系研究"(11JZD044)研究系列成果之一)作为教育教学行为评

价工具,建立中小学教师行为效标评价体系,通过对267名中小学教师现场评课成绩及教师职业心理健康测评成绩进行分析得到相关效度分析结果。具体结果如下:根据有效教师行为评定结果对受测教师进行分组,高于总平均分一个标准差($M+\text{SD}=98.95$)外成绩的个体被认定为高分组,介于总平均分上下一个标准差($M\pm\text{SD}$,77.52—98.95)成绩的个体被认定为中等分组,低于总平均分一个标准差($M-\text{SD}=77.52$)成绩的个体被认定为低分组。通过方差分析可以发现,三组教师在教师职业道德、教师职业能力、教师职业适应,以及教师职业心理健康总分上均表现出显著差异。具体表现为职业心理健康较高的教师在现实课堂教学中表现出更好的有效教师评定行为,反之亦然(表2-5—表2-8)。因此,这说明中小学教师职业心理健康量表能够有效地预测个体的有效教师行为,具有良好的效标关联效度。

表2-5 我国中小学有效教师行为评定内容及要求

维度	领域	基本要求
教学支持	(一)知识建构	1. 专业知识 2. 教学目标 3. 联系实践
教学支持	(二)认知发展	4. 分析与综合 5. 推理 6. 问题解决
教学支持	(三)教学方式	7. 资源利用 8. 材料和方式多样化
教学支持	(四)教学反馈	9. 支架式教学 10. 反馈环 11. 澄清信息
课堂管理	(五)学生行为管理	12. 行为期望 13. 前瞻性行为 14. 管理不期望行为 15. 学生行为表现 16. 学生表达

续表

维度	领域	基本要求
课堂管理	(六)课堂组织	17.学习时间最大化 18.课堂程序管理
情感支持	(七)课堂氛围	19.鼓励和肯定 20.学生兴趣 21.师生关系 22.积极情感 23.有效沟通 24.自主和领导 25.活动调控
	(八)教师责任意识	26.尊重和公平 27.意识水平 28.安慰学生 29.学生为中心

表2-6 中小学教师职业心理健康描述性统计

维度		N	均值	标准差	标准误	均值的95%置信区间		极小值	极大值
						下限	上限		
教师职业能力	有效教师行为高分组	54	120.70	11.44	1.56	117.54	123.83	80.00	144.00
	有效教师行为中等分组	169	118.33	11.48	0.88	116.54	120.08	96.04	152.00
	有效教师行为低分组	44	112.61	13.89	2.09	108.39	116.84	85.00	144.00
	总数	267	117.87	12.12	0.74	116.41	119.33	80.00	152.00
教师职业适应	有效教师行为高分组	54	76.32	7.67	1.04	74.23	78.42	54.00	90.00
	有效教师行为中等分组	169	74.28	6.93	0.53	73.23	75.33	62.00	92.00
	有效教师行为低分组	44	72.77	7.73	1.17	70.42	75.12	59.00	92.00
	总数	267	74.45	7.28	0.45	73.57	75.32	54.00	92.00

续表

维度		N	均值	标准差	标准误	均值的95%置信区间		极小值	极大值
						下限	上限		
教师职业情绪	有效教师行为高分组	54	71.30	6.49	0.88	69.53	73.07	60.00	87.00
	有效教师行为中等分组	169	70.51	9.37	0.72	69.08	71.93	54.00	131.00
	有效教师行为低分组	44	68.02	5.27	0.79	66.42	69.62	56.00	83.00
	总数	267	70.26	8.33	0.51	69.25	71.26	54.00	131.00
教师职业道德	有效教师行为高分组	54	53.19	5.50	0.75	51.68	54.69	43.00	64.00
	有效教师行为中等分组	169	51.74	5.88	0.45	50.85	52.63	38.00	86.00
	有效教师行为低分组	44	49.77	5.48	0.83	48.11	51.44	39.00	62.00
	总数	267	51.72	5.81	0.36	51.01	52.41	38.00	86.00
教师职业心理健康	有效教师行为高分组	54	321.52	24.71	3.36	314.77	328.25	239.00	379.00
	有效教师行为中等分组	169	314.86	25.37	1.95	311.00	318.71	268.09	420.00
	有效教师行为低分组	44	303.18	26.04	3.93	295.26	311.10	245.00	363.00
	总数	267	314.28	25.86	1.59	311.16	317.40	239.00	420.00

表2-7 不同行为组别教师职业心理健康方差分析

维度		平方和	df	均方	F	p
教师职业能力	组间	1 684.92	2	842.46	5.95	0.003
	组内	37 396.79	264	141.66		
	总数	39 081.71	266			
教师职业适应	组间	318.07	2	159.03	3.05	0.049
	组内	13 763.15	264	52.13		
	总数	14 081.22	266			

续表

维度		平方和	df	均方	F	p
教师职业情绪	组间	288.77	2	144.39	2.10	0.125
	组内	18 186.21	264	68.89		
	总数	18 474.99	266			
教师职业道德	组间	282.79	2	141.40	4.29	0.015
	组内	8 706.42	264	32.98		
	总数	8 989.21	266			
教师职业心理健康	组间	8 296.63	2	4148.32	6.46	0.002
	组内	169 630.22	264	642.54		
	总数	177 926.85	266			

表2-8 不同组别教师职业心理健康多重比较

因变量	(I)效标分组	(J)效标分组	均值差(I-J)	标准误	显著性	95% 置信区间	
						下限	上限
教师职业能力	有效教师行为高分组	有效教师行为中等分组	2.37	1.86	0.20	-1.29	6.03
		有效教师行为低分组	8.09*	2.42	0.00	3.33	12.85
	有效教师行为中等分组	有效教师行为高分组	-2.37	1.86	0.20	-6.03	1.29
		有效教师行为低分组	5.72*	2.014	0.01	1.75	9.69
	有效教师行为低分组	有效教师行为高分组	-8.09*	2.42	0.00	-12.85	-3.33
		有效教师行为中等分组	-5.72*	2.01	0.01	-9.69	-1.75
教师职业适应	有效教师行为高分组	有效教师行为中等分组	2.04	1.13	0.07	-0.18	4.27
		有效教师行为低分组	3.55*	1.47	0.07	0.66	6.44
	有效教师行为中等分组	有效教师行为高分组	-2.04	1.13	0.07	-4.27	0.18
		有效教师行为低分组	1.51	1.22	0.22	-0.90	3.91
	有效教师行为低分组	有效教师行为高分组	-3.55*	1.47	0.02	-6.44	-.66
		有效教师行为中等分组	-1.51	1.22	0.22	-3.91	0.90

续表

因变量	(I) 效标分组	(J) 效标分组	均值差 (I-J)	标准误	显著性	95% 置信区间 下限	95% 置信区间 上限
教师职业情绪	有效教师行为高分组	有效教师行为中等分组	0.80	1.30	0.54	-1.76	3.34
		有效教师行为低分组	3.28	1.69	0.05	-0.04	6.59
	有效教师行为中等分组	有效教师行为高分组	-0.79	1.30	0.54	-3.34	1.76
		有效教师行为低分组	2.48	1.40	0.08	-0.28	5.25
	有效教师行为低分组	有效教师行为高分组	-3.28	1.69	0.05	-6.59	0.04
		有效教师行为中等分组	-2.49	1.40	0.08	-5.25	0.28
教师职业道德	有效教师行为高分组	有效教师行为中等分组	1.45	0.90	0.11	-0.32	3.21
		有效教师行为低分组	3.41*	1.17	0.00	1.12	5.71
	有效教师行为中等分组	有效教师行为高分组	-1.45	0.90	0.11	-3.21	0.32
		有效教师行为低分组	1.97*	0.97	0.04	0.05	3.88
	有效教师行为低分组	有效教师行为高分组	-3.41*	1.17	0.00	-5.71	-1.12
		有效教师行为中等分组	-1.97*	0.97	0.04	-3.88	-0.05
教师职业心理健康	有效教师行为高分组	有效教师行为中等分组	6.65	3.96	0.09	-1.15	14.45
		有效教师行为低分组	18.33*	5.15	0.00	8.19	28.46
	有效教师行为中等分组	有效教师行为高分组	-6.65	3.96	0.09	-14.45	1.15
		有效教师行为低分组	11.68*	4.29	0.01	3.23	20.12
	有效教师行为低分组	有效教师行为高分组	-18.33*	5.15	0.00	-28.46	-8.19
		有效教师行为中等分组	-11.68*	4.29	0.01	-20.12	-3.23

*表示均值差的显著性水平为 0.05。

第三节 高校教师职业心理健康评价问卷

采用探索性因子分析法对测评结果进行了数据分析。初测问卷中有111个项目,采用与中小学教师职业心理健康评价问卷相同的处理标准对项目进行删减。形成的量表包括88个题项,量表的信度良好,内部一致性信度系数达到了 0.986。

一、项目分析

对 88 个项目进行项目分析,以独立样本 t 检验每个项目的差异。检验结果表明,88 个项目均具有良好的鉴别度。p 值均小于 0.05,且所有项目中 95% 的信赖区间未包含 0 在内,因此可判断项目具有良好的鉴别度。

二、因素分析

对测验数据进行 KMO 和 Bartlett 检验,KMO 值为 0.98,Bartlett 球形检验的值为 1 104 428.819 ($p<0.001$) 达显著,表示适合进行因素分析。

三、因子的解释率

采用主成分分析法抽取特征值大于 1 的因子,经正交旋转,累计解释 52.03% 的方差,主要因子分析见表 2-9。

表 2-9 高校教师职业心理健康因子方差分析

成分	初始特征值			提取平方和载入			旋转平方和载入		
	合计	方差的%	累积%	合计	方差的%	累积%	合计	方差的%	累积%
1	27.58	31.34	31.34	27.58	31.34	31.34	12.56	14.28	14.28
2	4.99	5.67	37.01	4.99	5.67	37.01	7.92	8.99	23.27
3	3.56	4.05	41.06	3.56	4.05	41.06	6.14	6.98	30.25
4	2.18	2.47	43.53	2.18	2.47	43.53	4.48	5.09	35.34
5	2.01	2.28	45.82	2.01	2.28	45.82	3.70	4.21	39.55
6	1.60	1.85	47.63	1.60	1.82	47.63	3.45	3.92	43.47
7	1.36	1.55	49.18	1.36	1.55	49.18	3.03	3.45	46.92
8	1.31	1.49	50.67	1.31	1.49	50.67	2.84	3.23	50.15
9	1.20	1.36	52.03	1.20	1.36	52.03	1.66	1.88	52.03
10	0.98	1.12	53.15						
11	0.96	1.09	54.24						
12	0.92	1.04	55.28						

续表

成分	初始特征值			提取平方和载入			旋转平方和载入		
	合计	方差的%	累积%	合计	方差的%	累积%	合计	方差的%	累积%
13	0.91	1.03	56.31						
14	0.86	0.98	57.29						
15	0.84	0.95	58.24						
16	0.82	0.94	59.18						
17	0.81	0.91	60.09						
18	0.76	0.86	60.96						
19	0.73	0.83	61.79						
20	0.72	0.82	62.61						

提取方法：主成分分析。

采用主成分分析法提取因子，进行 Kaiser 标准化的正交旋转，旋转在 7 次迭代后收敛，各项目的因子负荷值在 0.41—0.75。

根据因素分析结果得到九个因子，根据各因子所包含的项目的内容，按照理论构念和专家评定，将九个因子划分为四个维度，对维度和因子命名见表 2-10。

表 2-10 高校教师职业心理健康测评维度和因子的命名表

维度	因子	题项数
1. 教师职业道德	责任与奉献	29
	使命感	9
	仁爱之心	5
	正义感	3
2. 教师职业能力	学习与创新	14
	主动性	7
3. 教师职业情绪	稳定与坚韧	12
4. 教师职业适应	人际沟通	6
	组织协调	3

四、信度分析

分别计算调查问卷和各维度的克隆巴赫系数作为信度指标,结果显示各维度的信度系数均在 0.88 以上,见表 2-11。

表 2-11 高校教师职业心理健康分析信度系数表

指标	量表	维度 1	维度 2	维度 3	维度 4
项目数	88	46	21	12	9
信度系数	0.97	0.96	0.92	0.88	0.89

五、因子释义

高校教师职业心理健康测评与中小学教师职业心理健康测评相同,虽包括4个维度,但是只有9个因子。高校教师职业心理健康测评的教师职业道德维度中,与中小学教师测评相同的是仍旧保留了"责任与奉献""仁爱之心"和"正义感"因子,不同的是高校教师增加了"使命感"因子,而且,教师职业道德的题项较多,特别是责任与奉献因子有29个题项。高校教师的思想政治素质和意识形态影响学生的价值观,加强和改进高校思想政治工作,教师是关键,培育和践行社会主义核心价值观需要师德高尚、有丰厚专业积淀的高素质教师队伍。高等教育阶段,学生有了一定的认知和思维能力,处于价值观逐渐稳定的关键时期,对于教师的言传身教,学生经过思索与沉淀,内隐的意向发展成为外显且较为稳定的价值观与行为准则,构成思想道德素质。高校教师职业道德显著影响立德树人的有效性。

高校教师职业心理健康测评的教师职业能力维度中,与中小学教师健康测评相同的是仍旧保留了"学习与创新"和"主动性"因子,不同的是高校教师职业心理健康测评中没有"反思"因子。中小学教师职业心理健康测评中"反思"指能够对自己成功与失败的经验进行总结,并能从经验中得到学习与提高,将学生的反馈纳入思考和评价之中,以改进自身的行为。进入高等教育阶段的学生多数是成年人,在专业学习方面,更强调主动认知,与中小学生已掌握现有知识不同,高校学生更强调创新性学习,寻找适合的学习路径,在专业学习方面,更喜欢探索或与同龄人交流,对教师的依赖度较低,反馈也较少,因而,教师也较少将学生的反馈纳入思考和评价之中。

高校教师职业心理健康测评的教师职业情绪维度中,"稳定性"与"坚韧性"成了一个因子。与中小学教师相同的是高校教师也需要以心育人、以情感人、以德服人。与中小学教师不同的是,高校教师承担着发现和创新知识,推动专业发展的重任,科研工作的重要性不亚于教学。高校教师工作时间更为弹性,工作有较大自由度,在专业发展方面常常需要给自己不断设定更高的目标,自觉主动地持续努力。创新性的科研工作需要头脑冷静、情绪稳定、坚忍不拔,稳定且坚韧。

高校教师心理健康因子的解释见表 2-12。

表 2-12　高校教师职业心理健康测评因子释义

维度	因子	含义
教师职业道德	责任与奉献	具有条理性、责任感、成就愿望、自律性和审慎的品质,按规则办事,有责任感,以完全有利于学生成长为目标,不图回报,助人为乐,以社会利益和学生发展为思考和行动出发点,能在一定程度上牺牲物质、时间和荣誉等。
	使命感	反映教师的家国情怀、担当精神、文化自信、理想信念和教育价值观。
	仁爱之心	热爱教育工作,关爱学生,与学生、同事友好相处,尽职尽责,和谐育人。
	正义感	在处事时合情合理,不偏不倚,具有相对较高的公正感,对公正与否敏感性较高,反应较强烈。
教师职业能力	学习与创新	能够针对特定的教学对象和教学内容,以提高教学效果为目的,在教学活动的组织和学生评价等方面有所创新,通过评价、总结其他人的有效经验和教训提高自己的教学水平。
	主动性	在教学组织管理中,能按照确定的教育教学目标,充分利用知识和经验,主动解决教学过程中所遇到的问题和困难,提高教育教学绩效。

续表

维度	因子	含义
教师职业情绪	稳定与坚韧	反映了教师面对挫折、压力与应激事件能够沉着冷静应对与处理的心理特质以及坚韧不拔的毅力、顽强不屈的精神。在困难任务或威胁利诱面前,持之以恒坚持工作的心理倾向性。
教师职业适应	人际沟通	教师在职业互动关系中,能够换位思考,了解同事、学生和家长的内心世界,并将这种认知传达给他人的心理能力。
教师职业适应	组织协调	能有效组织并管理教学时间,成功地建立起良好的师生关系,通过言谈举止、学识水平、社会责任、文化修养和情感来影响学生,支持学校工作。

六、效度分析

世界卫生组织与健康有关的生存质量测定量表(WHOQOL)是由世界卫生组织研制的、用于测量个体与健康有关的生存质量的国际性量表。目前,已经研制成功的量表有 WHOQOL – 100 和 WHOQOL – BREF。WHOQOL 不仅具有较好的信度、效度、反应度等心理测量学性质,而且具有国际可比性,即不同文化背景下测定的生存质量得分具有可比性。WHOQOL – BREF 各个领域的得分与 WHOQOL – 100 量表相应领域的得分具有较高的相关性,Pearson 相关系数最低为 0.89(社会关系领域),最高为 0.95(生理领域),具有较好的内部一致性、良好的区分效度和结构效度。本研究采用 WHOQOL – BREF 作为效标。效标的选择是获得效标关联效度的关键。好的效标具备四个条件:①有效性。能有效反映测验所要测量的目标。②可靠性。不随时间、环境等各种因素而变化。③可操作性。必须可以观察和测量,无法获取的效标再好也起不到作为测验参考的作用。④实用性。测量效标应该尽量省时、省力。世界卫生组织发展生存质量测量简表(WHOQOL – BREF)保留了原表的全面性,结构效度和内容效度良好,能够更好地解释相应的概念,是方便、快捷、准确的测评工具,非常适合作为高校教师职业心理健康的效标。世界卫生组织生存质量测定量表简表(WHOQOL – BREF)共涉及 26 个问题,其中前 2 个问题是有关受测试者对自身生存质量和健康状况的主观感受的评分,后 24 个问题分属生理、心理、社会关系和环境4个领域。研究结果显示,高校教师生存质量所有维度与全国常模差异均不显著,见表2-13。

表2-13 高校教师生存质量与全国常模比较($N = 25\,066$)

领域		样本		常模		t	p
		M	SD	M	SD		
生理	PHYS	15.10	2.30	15.10	2.30	0.01	1.00
心理	PSYCH	13.89	1.89	13.89	1.89	0.00	1.00
社会	SOCIL	13.93	2.06	13.93	2.06	-0.00	1.00
环境	ENVIR	12.14	2.08	12.14	2.08	-0.00	1.00
总生存质量	Q_life	13.38	2.91	13.38	2.91	-0.01	1.00

对高校教师职业心理健康测评数据和教师生存质量的相关性分析表明,高校教师职业心理健康的4个维度与WHOQOL-BREF的4个维度均显著相关,相关系数见表2-14。

表2-14 高校教师职业心理健康与生存质量相关性分析($N = 25\,066$)

职业心理 \ 生存质量	Pearson 相关系数				
	生理领域	心理领域	社会关系领域	环境领域	总生存质量
教师职业道德	0.77**	0.69**	0.67**	0.90**	0.63**
教师职业能力	0.54**	0.60**	0.51**	0.48**	0.60**
教师职业情绪	0.59**	0.61**	0.40**	0.40**	0.57**
教师职业适应	0.53**	0.59**	0.56**	0.52**	0.61**

以生存质量各维度测评分为因变量,以教师职业心理健康各维度测评分为自变量,进行多元线性回归分析,结果显示,高校教师职业心理健康对教师生存质量因子各因子均具有显著的预测作用,见表2-15。

表2-15 高校教师职业心理健康对生存质量的回归分析（N=25 066）

因变量	自变量\系数	常量	教师职业道德	教师职业能力	教师职业情绪	教师职业适应
		\multicolumn{5}{c}{Pearson 相关系数}				
生理领域	B	-0.65	0.04	0.04	0.17	0.05
	Sb	0.11	0.00	0.00	0.00	0.00
	β		0.23	0.15	0.43	0.10
	t	-6.22	29.04	19.03	89.30	12.31
	p	0.00	0.00	0.00	0.00	0.00
心理领域	B	-0.26	0.04	0.04	0.14	0.04
	Sb	0.08	0.00	0.00	0.00	0.00
	β		0.28	0.16	0.42	0.10
	t	-3.27	39.2	23.36	95.00	13.53
	p	0.00	0.00	0.00	0.00	0.00
社会关系	B	0.90	0.03	0.02	0.08	0.11
	Sb	0.11	0.00	0.00	0.00	0.00
	β		0.22	0.08	0.21	0.25
	t	8.50	25.76	9.02	39.11	28.50
	p	0.00	0.00	0.00	0.00	0.00
环境领域	B	-0.13	0.03	0.02	0.08	0.11
	Sb	0.11	0.00	0.00	0.00	0.00
	β		0.16	0.08	0.23	0.25
	t	-1.20	18.08	9.34	41.62	27.47
	p	0.23	0.00	0.00	0.00	0.00
总生存质量	B	-8.37	0.05	0.05	0.19	0.12
	Sb	0.13	0.00	0.00	0.00	0.01
	β		0.25	0.14	0.37	0.19
	t	-66.81	33.57	18.78	82.50	25.89
	p	0.00	0.00	0.00	0.00	0.00

除了对生存质量的环境领域预测不显著($p=0.23$)外,教师职业心理健康测评量表对教师生存质量的分维度和总生存质量均有极其显著的预测作用,表明研究开发的高校教师职业心理健康测评量表具有良好的效度。

第三章　教师职业道德

教师职业道德是评估教师职业心理健康的基石,它涵盖了教师在职业活动中表现的道德价值和原则。作为保障教育质量的关键因素,教师职业道德不仅对教师个人的职业发展产生深远影响,还是塑造学生价值观和人格的重要力量。教师的责任感与奉献精神、使命感、仁爱之心,以及正义感构成了其职业道德框架的核心要素。

责任与奉献是教师职业道德的基础,这要求教师对教育事业持有无私的投入和持久的责任心;使命感体现了教师对教育职业的独有认同和价值追求,这种深层的心理认同使教师在教学和育人过程中不断追求卓越;仁爱之心驱使教师从内心培养关爱学生、乐于奉献的精神;正义感促使教师在日常的教学与行为决策中秉持公平与正义,为学生营造一个公正的学习环境。

本章将分别探讨教师职业道德核心要素的理论基础、心理影响及其在教育实践中的应用。

第一节　责任与奉献

责任感与奉献精神在教师职业道德中占据核心地位,它们对于提升教师的职业心理健康、增强教学实践的有效性,以及促进学生全面发展具有不可忽视的作用。相关研究不仅深入探讨了教师责任感和奉献精神的心理基础,还系统分析了它们对教师行为、教学成效以及学生发展的具体影响。本节旨在综合现有研究成果,全方位分析教师责任与奉献的多维影响,并探讨如何通过教育政策和教师培训有效培养和促进这些职业心理品质。

一、教师责任感的理论基础

教师的责任感与其内在的心理因素紧密相关,特别是自我效能感、目标设定理论,以及职业承诺。自我效能感是个体对于自己完成特定任务或应对特定情境的能力的信心。班杜拉的自我效能理论强调,一个人对自身能力的信念,可以显著影响他们面对挑战时的努力程度和持久性(Bandura,1997)。在教师教育领域的研究表明,教师的教育实践、教学创新,以及与学生的互动都受其自我效能感的显著影响。高自我效能感的教师能承担较大的教学责任,有更强的奉献精神,因为他们坚信自己的努力能够对学生产生积极的影响。

教师的自我效能感水平直接影响他们面对教学挑战时的态度和行为。高自我效能感的教师更倾向于采用创新的教学策略,并在面对困难时坚持不懈(Tschannen-Moran et al.,1998)。这种坚持不仅是责任感和奉献精神的体现,也是提高教学质量和学生学习成就的关键因素。

目标设定理论能够帮我们理解责任感(Locke et al.,1990)。该理论认为,确立清晰且具有挑战性的目标能够显著激发个体的努力程度与成就动机。应用于教育实践,意味着通过设定具体、清晰的教学目标,能够有效增强教师的责任感。这些目标不仅为教师指明了行动方向,确保教学活动的针对性与有效性,还通过目标的明确性与及时的反馈机制,促进教师的教学投入与职业认同,进而提升其职业满意度与奉献精神。因此,目标导向的教学行为不仅强化了教师的职业责任感,还直接促进了教学质量的提升与教学效果的优化。

Tajfel 等(1979)的社会认同理论为理解教师责任感与奉献精神提供了全新的理论视角。该理论强调,个体的自我认知在很大程度上建立在其所属群体的身份认同基础上。当教师将自己视为教育专业群体的一员时,这种群体认同感会显著增强其职业责任感与奉献精神。基于此,学校可通过强化团队协作、提供丰富的职业发展机会等措施,有效增强教师的社会认同感,进而激发其更高层次的责任感与奉献精神。

二、教师奉献精神的动因与表现

教师奉献精神是教育质量的关键决定因素之一,体现在教师对教育教学活动和学生发展的投入程度、对职业的情感投入,以及长期职业承诺。深入理解教师奉献精神的动因和表现,有助于学校管理者及教育行政主管部门制定有效策略,以增强教师奉献精神、提升教育质量。

教师奉献精神与内在动机及职业满意度之间存在密切联系。Ryan 与 Deci 的自我决定理论揭示了内在动机的核心价值:当个体在教育实践中体验到自主性、能力感,与学生、同事间联系紧密时,其内在动机与职业满意度显著增强(Ryan et al.,2000)。这种由教学热爱与学生成功带来的内在满足感,构成了教师持续投入教育事业的强大动力,使他们即便在缺乏外部激励的情况下,也能保持高度的热情与专注。

职业认同感是教师奉献精神的重要支柱,反映了教师对其职业角色的认同与接纳。高度的职业认同感赋予教师工作意义,成为其实现个人价值、获得职业满足的重要途径。社会认同理论指出,当教师的职业身份得到同事、学生及社会的广泛认可时,其职业认同感将进一步加强,从而激发更强的责任感与奉献精神(Tajfel et al.,1979)。

教师奉献精神的动力还可以用 Herzberg 的双因素理论来理解。该理论认为,工作环境中的"保健因素"(如良好的支持体系与工作条件)与"激励因素"(如成就感与认可)共同作用于员工的工作满意度与积极性(Herzberg,1966)。在教育领域,来自管理层、同事及社区的支持与认可,构成了教师奉献精神的强大助力,激励他们对教育事业投入更多精力与热情。

Maslach 等(1981)的职业倦怠研究揭示了教师奉献精神在应对职业挑战时的积极作用。高度奉献的教师能够保持积极心态与职业热情,更不易出现职业倦怠。这种积极态度不仅是教师深厚职业情感的体现,更是其持续成长与进步的内在动力。

在教育实践中,教师的奉献精神表现为一系列超越基本工作要求的行为,如额外备课、课后辅导、参与学校活动及为学生提供情感支持等。这些行为不仅直接促进了学生学业成绩的提升,而且在推动了其社会能力与情感能力的全面发展。同时,高奉献精神的教师更乐于参与专业发展活动,通过不断学习与创新,提升自身的专业素养与教学能力,进而为学校的发展与学生的成长贡献力量。Hargreaves(1998)的情感劳动理论进一步强调了教师情感投入的重要性。教师的情感劳动是创造积极学习环境、建立师生信任与尊重关系的基石,在有效教育教学中具有不可替代的作用。

三、教师责任与奉献对教育的影响

教师的责任感与奉献精神是教育教学活动的核心驱动力,对学生学习和成长产生积极影响。Gibbs等(2004)的研究指出,具有高度责任感的教师能够高效管理课堂,创新并有效实施教学策略,从而促进学生学业成就的显著提升。教师的责任感直接影响其教学质量及对学生学业表现的关注度,使他们致力于精心备课,设计具有挑战性与创新性的教学活动,并不断开展教学反思与优化,从而激发学生的学习兴趣与参与度,促进学业成绩进步。Taylor等(2012)的研究进一步表明,在责任感强烈的教师引导下,学生在数学与阅读等学科上的表现均表现出显著提升。

此外,教师的责任感还体现在对学生个体差异的敏锐洞察与尊重上,他们积极开展差异化教学,以满足不同学生的学习需求,不仅促进了学生的学习兴趣与成绩双增长,还在价值观塑造与道德培养方面发挥了重要作用。教师通过言传身教,构建了积极师生互动,为学生树立了正确的社会行为典范。

教师的奉献精神则在提升学生的学习动机、课堂参与度及情感发展方面扮演着关键角色。元分析揭示,教师的人际关系构建和支持性行为与学生学业成就及心理健康显著正相关,彰显了教师奉献对教育质量与学生福祉的全面促进作用。Jennings等(2009)的研究揭示出教师在学生情感支持方面的价值,指出教师对学生的关心与支持能显著提升学生的积极行为、社交技能,减少其行为问题,甚至会影响学生的家庭生活,增强整体幸福感。

从更宏观的层面看,教师的责任感与奉献精神对教育环境的优化也有深远影响。这些品质能够促进教师间的合作,推动教育问题的共同解决与教学水平的提升,形成积极向上的教育文化氛围。同时,教师的责任感与奉献精神使他们关注学校发展并积极提出建设性建议,不仅提升了教师的职业满意度,也为学校管理提供了优化资源配置、高效响应师生需求的决策依据,进而推动教育事业的持续发展。

四、教师责任与奉献的影响因素与促进策略

教师责任感和奉献精神的形成受多种因素的影响。首先就是其个体特征。教师的价值观、信念、教育哲学,及其对教育事业的热情,这些个体特征往往在教师职业生涯的早期就已经形成,并受其教育和家庭环境的影响。例如,特定的个性特质,如开放性、责任感和亲和力等,直接影响教师的职业表现和教学风格。而高质量的教师教育和专业培训则为培养和增强教师的责任感与奉献精神提供了重要途径。此外,教师的个人生活经历,如志愿服务经验、领导经验或

与教育相关的其他职业经历,也可能对他们的责任感和奉献精神产生积极影响。

教师的工作环境,对教师的心态和行为有显著影响。支持性的工作环境能够激发教师的责任感和奉献精神。学校领导的支持、领导风格对教师的影响极大。学校领导的鼓励和认可能够显著提升教师的士气和职业满意度;同事之间的良好关系和有效的团队合作则能够提高教师的工作满意度;充足的教学资源和设施也是激发教师责任感和奉献精神的重要条件,资源的不足可能限制教师的教学效果,从而影响他们的奉献精神。

社会和文化因素会影响教师的期望和角色。社会对教育的重视程度、社会文化中对教师的尊重都会直接或间接地影响教师的责任感和奉献精神。当工作受到社会的尊重和认可时,教师往往会表现出更高的责任感和奉献精神;相反,如果社会对教育工作者缺乏应有的尊重,则教师可能会产生挫败感,感到不被重视,从而影响他们的工作热情和奉献精神。此外,教育政策和立法也会对教师的职业行为产生重要影响。对教师的职业发展提供适当的职业激励措施和支持性政策,能够提高教师的职业满意度和奉献水平。因此,教育政策制定者和学校管理者应当通过提供持续的专业发展机会、创建支持性的工作环境以及实施有效的教师评估体系,来增强教师的自我效能感,提高其职业满意度,从而激发和维持他们的责任感和奉献精神。

对于新教师而言,导师制和团队合作是提升其责任感和奉献精神的有效方法。这些措施能够帮助新教师在职业生涯的早期阶段建立正确的价值观和职业态度,为他们未来的职业发展奠定基础。通过与经验丰富的导师合作,新教师能够得到有效指导和反馈,学习如何更好地管理课堂、设计有效的教学活动并与学生建立积极的关系。同时,团队合作的环境也能够激发新教师的责任感,使他们意识到自己的工作不仅关乎个人成长,还关系到整个学校和学生的发展。因此,学校应当积极推行导师制,鼓励团队合作,为新教师提供支持性和成长导向性的工作环境。

第二节 使命感

使命感是教师职业身份的核心组成部分,全面影响教师的行为、态度及教育教学活动。

一、使命感的定义和重要性

使命感是一个复杂且多维的心理状态,包括个体对其职业或生活目标的深刻承诺和信念。在心理学领域,使命感通常被视为个体认知和情感的集合,指向其工作或生活的目标和意义。教师的使命感特指他们对教育事业的热情、承诺,以及他们相信通过教学可以实现个人价值和社会发展的信念。使命感在教师职业生涯中扮演着重要角色,影响着他们的教学行为、职业满意度以及育人行为。对教师而言,使命感不仅是内在的动力源泉,而且也是其职业身份的核心要素。教师的使命感涵盖了以下几个方面:①职业认同:使命感强烈的教师将教育看作是自我表达和实现个人价值的途径,倾向于将自己视为教育者,这一身份是他们自我概念的重要内容;②社会责任:教师的使命感还包括渴望对社会贡献,相信教育可以改变学生的未来,并对社会发展产生积极影响;③道德驱动:使命感还体现在教师对教育公正和道德责任的承诺上,他们平等地对待所有学生,并致力于使所有学生都获得高质量的教育。

使命感在教育实践中的重要性不容小觑,大量研究证实了使命感对教师自身及其教学效果的积极影响。第一,使命感有助于提高教学质量:具有强烈使命感的教师更可能采用创新且有效的教学方法,不断寻求提高教学效果的途径;第三,使命感能够改善学生表现:高使命感的教师能更好地激励学生,通过关注和投入学生发展,提高学生的学习动机和学业成绩;第三,使命感能够提高职业满意度和留职率:使命感可以显著提高教师的职业满意度,减少职业倦怠感,从而降低教师流失率,教师能够认识到自己工作的重要意义,感受到被社会所需要,从而增强其职业稳定性和满意度;第四,教师的使命感还有助于培养学生的社会责任感。教师通过行为示范和课程内容影响学生的价值观和行为,对学生发展产生长远影响。总之,教师的使命感是教育质量、教师职业生涯和学生发展的重要驱动力。

二、教师使命感的研究进展

早期的研究主要关注教师使命感的形成机制及影响因素。研究者关注能够激发并塑造教师使命感的核心要素。研究发现,教师的个人成长轨迹、受教育历程,以及核心价值观体系直接影响使命感。具体而言,学生时代受卓越教师指导的个体,更易于萌生教育使命感。研究进一步发现,师范教育的质量、教学实习的丰富程度以及持续的职业发展机遇,对教师使命感的形成具有决定性影响。

随着研究视野的拓宽,研究者们逐渐将焦点转向使命感如何影响教师的职业行为及教育成果。研究表明,强烈的使命感不仅能在日常教学中激发教师的积极性,还促使他们更积极地参与教育改革和学校发展的各项活动。多项实证研究指出,使命感强的教师会采用以学生为中心的教学模式,致力于学生的全面发展,从而有效提升学生的学习动力与学业成绩。同时,这种使命感与教师的职业满意度及留任意愿呈显著正相关,有助于抵御职业倦怠,促进教育职业的长期坚守。

近年来,研究更多地关注如何在教师群体中培育与强化教师使命感,探讨通过政策引导与具体措施激发教师使命感的路径。

三、使命感对教师行为的影响

使命感强的教师,在教学实践中会表现出高度的投入性与主动性,采用灵活多变的教学策略,关注学生的个体差异并提供个性化支持与激励。他们勇于探索并应用新教学技术与方法,不断优化教学效果,善于使用以学生为中心的教学策略,如项目式学习、合作学习及差异化教学等,这些策略不仅提升了学生的课堂参与度,而且满足了学生多样化的学习需求,促进了学习成效的显著提升。

此外,使命感还影响着教师对职业发展的态度与行为。具有高度使命感的教师将职业发展活动看作是提升教学技能与知识的重要途径,积极参与各类研讨会、培训课程及学术会议,表现出强烈的终身学习愿望。教学反思就是使命感的重要体现之一,能够使教师不断评估与改进教学策略,以追求教学质量的提升与专业成长。

在师生关系层面,教师使命感有助于构建积极的、支持性的互动环境,建立相互尊重与信任的关系,为学生创造安全、激励的学习氛围。他们会在个性化教学上投入更多时间,为学生提供针对性地反馈与指导,不仅在学业上给予支持,还关注学生的情感发展,帮助学生克服学习与生活中的困难。

教师的使命感会促使教师积极参与学校管理与教育政策的制定,投身于教育教学改革,为教育事业的持续优化与发展贡献力量。

在教育教学实践中,教师的使命感作为一种内在驱动力,对提升教学质量及促进学生全面发展具有不可忽视的积极作用。不仅直接促进了教师教学水平的提升,还间接地改善了学生的学习成果与成长轨迹。

从教学质量的维度来看,教师的使命感激发了高度的职业投入与热情,这种积极态度能够显著增强学生的学习动机,使学生对学科产生浓厚兴趣并提升自我学习效能感。社会认同理论可对此做出解释,社会认同理论认为,个体的行为模式深受其社会角色认同的影响。教师的使命感强化了他们作为教育者的身份认同,进而促使他们在教学实践中承担起更为重大的责任,力求满足社会对其职业角色的高度期待。这种身份认同的强化,直接转化为对教育质量的承诺,使得有使命感的教师不断探索并实施高效的教学策略与创新方法,持续追求教学质量的优化与提升。

四、使命感对教育质量和学生成长的影响

在学生学习成果方面,使命感强的教师会运用高效的教学策略、关注学生个体差异,促进学生学业成绩的提升。这一现象可通过期望-价值理论来理解:教师对教育任务的高价值认知,源于其强烈的使命感,这种认知进而转化为提高教育活动质量与成效的实际行动。这些教师能够敏锐捕捉学生的学习动态,依据学生的个性化学习节奏与学习风格灵活调整教学策略,确保教学活动的有效性与针对性。

此外,教师的使命感还影响学生的社会与情感能力发展。教师的工作投入与职业承诺,不仅激发了学生的学习动力,还通过增强他们的自尊心与学校归属感,为学生的全面发展奠定了坚实的基础。这些积极因素相互交织,共同作用于学生的个体成长过程,不断促进其全面发展。综上所述,教师的使命感在教育质量提升与学生成长过程中扮演着重要角色,是推动教育事业持续进步与革新的动力。

五、使命感对教师自我效能感及教学效果的影响

在教师的职业生涯中,使命感作为一种核心驱动力,能够增强教师的自我效能感并提升教学效果。自我效能感,是个体对自身在特定领域内达成目标能力的信念体系,直接影响教师的教学实践,并促进学生学习成效的提升。

第一,教师的使命感是构建自我效能感的基础。使命感使教师坚信自己的教育努力能对学生的成长与发展产生深远影响,这是自我效能感核心理念的具

体体现。当教师深信自己具备塑造学生学业与行为的能力时,其自我效能感便得到了强化,进而激励他们勇于接受教学挑战,不断探索与优化教学策略,以达成更高的教育目标。

第二,教师的使命感激发其教学动机与行动力,为提升教学效果奠定基础。强烈的使命感促使教师深度融入职业角色,将个人价值与教育使命紧密相连,从而转化为对教学质量提升的追求。这种内在驱动力不仅促使教师高质量完成基本教学任务,还推动他们积极探索创新教学方法,以激发学生的学习兴趣与参与度。在这一过程中,教师表现出更强的问题解决能力与创新思维,这同样是自我效能感在实践中的具体体现。

第三,教师的使命感通过多种途径提升教学效果。一方面,它增强了教师的教学动机与投入度,使教师在教学活动中更加专注与积极,不断寻求更高效的教学策略与职业发展路径,以应对教育环境的不断变化。另一方面,使命感引导教师选择多元化与创新性的教学策略,更好地满足学生的个性化需求,从而提升教学效果。同时,教师的积极态度与高期望也会激励学生树立更高的学业目标,增强学生的自我效能感,形成教学相长的良性循环。

第四,使命感作为教师职业精神的体现,推动教师不断进行教学创新与实践改革。这种不断追求卓越的态度不仅促进了教师个人的专业成长,而且能够推动教育事业和高质量人才培养体系的发展。

综上所述,教师的使命感在增强教师自我效能感与提升教学效果方面发挥着不可替代的作用,是推动教育事业不断发展的重要力量。

六、促进教师使命感的措施与对策

教师使命感的深化对于提升教育教学质量及学生学业成就具有重要价值。基于当前研究成果,可以通过政策制定与管理举措促进教师的使命感。

第一,教师的职前培训和在职进修是塑造与强化使命感的核心环节。高质量的教师教育体系应构建融合教育哲学、先进教学方法论及教师职业身份认同等内容的课程体系,强调教师作为道德引领者的角色,以此激发新晋教师内心的使命感。对于在职教师群体而言,应推进教师继续教育项目,具体形式包括但不限于专题研讨会、在线学习平台资源及实践工作坊。这些活动应聚焦于教育前沿动态、教学技术创新及学生心理发展研究,旨在促进教师的终身学习理念,加速其职业生涯发展与成熟。

第二，从学校管理层面来看，营造支持性的工作环境，并构建一套公正合理的激励机制，能够显著提升教师使命感。此外，确保决策流程的透明度，积极吸纳教师参与学校制度的制定与评估，不仅能够增强教师的归属感与责任感，还能有效激发其使命感。通过上述举措，可以促进教师使命感的内化，进而对教育质量的提升及学生学习成果的优化产生积极影响。

第三，强化家校社联动机制，通过构建家长委员会、推进社区教育合作项目及举办学校开放日等活动，增进家庭、学校与社区之间的沟通与协作，鼓励家长及社区成员积极参与到学校教育中，为教师工作提供更广泛的支持与理解。同时，学校与地方社会组织携手开展社区服务项目，如学生社会实践与志愿服务等，不仅能够促进学生全面发展，还能有效增强教师的社会责任感与使命感，共同推动教育目标的实现，实现教育的社会价值最大化。

第三节 仁爱之心

仁爱之心是一种源于内心深处的关爱与同情，体现为对他人的尊重、理解与无私援助。在教师职业道德体系中，仁爱之心具体表现为教师对学生全方位地深切关注、无条件地支持以及个性化地引导。这种情感驱动着教师不仅关注学生的学业表现，还特别关注其心理健康与人格发展。

一、仁爱之心的文化哲学渊源

"仁爱"思想在中国传统文化中具有深厚的历史渊源和伦理价值。儒家经典中，"仁"被视为道德的核心，孔子认为"仁"就是"爱人"，将爱他人、关怀他人的情怀视为君子与凡人的本质区别（《论语·颜渊》）。孟子更进一步提出，"仁者爱人，有礼者敬人"，强调"恻隐之心"是"仁之端"（《孟子·公孙丑上》）。孟子所说的"恻隐之心"，即对弱者的同情与怜悯之心，表明仁爱是一种与生俱来的基本情感倾向。传统儒家思想认为，仁爱是一种普遍的伦理原则，体现在人与人之间的尊重与关怀中（张洪高，2008）。从董仲舒倡导的"独尊儒术"到现代教育，仁爱一直被视为道德教育的核心价值，并逐渐融入教师职业伦理中，成为教师关爱学生的重要道德依据（王枬，2016）。在现代教育伦理观念中，这种仁爱精神延续为教师对学生的无私关怀与责任担当。教师不仅要传授知识，更要怀揣仁爱之心，以大爱精神培育学生的美好品格（谢小花，2024）。

二、仁爱之心的理论基础

理论上,教师的仁爱之心既是一种伦理价值,也是一种心理态度。作为教育人文价值的延续,教师的仁爱之心体现为对学生的尊重、理解和关怀,是教师承担育人使命的道德内核。教育哲学认为,仁爱精神要求教师以学生为本,将培养学生的全面发展视为己任。西方教育理论也强调教师的同理心和爱心,例如,关怀理论认为教师以真诚关心学生的情感和需求为出发点,才能有效促进学生成长。

教育心理学的理论可以用来理解教师的仁爱之心。人本主义教育理论强调关注个体潜能和自我实现,认为教育应以学生为中心,尊重每个学生的独特性与内在价值(Maslow,1954;Rogers,1961)。根据马斯洛的需求层次理论,教师通过仁爱,满足学生的归属感、爱、安全感和尊重等心理需求,推动学生追求自我实现。罗杰斯提出的"无条件积极关注"原则,与教师职业中的仁爱精神高度契合,通过教师无条件的理解与关爱,可以促进学生心理健康与学业发展(Rogers,1961)。建构主义教育理论认为学习是个体主动建构知识的过程,皮亚杰指出个体通过与环境互动和反思而构建知识体系(Piaget,1972)。教师通过仁爱创造支持性和探索性的学习环境,帮助学生实现认知发展和知识建构。从社会支持视角来看,教师的关怀行为类似于一种情感支持,为学生提供安全感和归属感,有助于学生积极适应学校环境。维果斯基强调教师通过仁爱提供社会支持与互动,帮助学生在最近发展区内实现潜能(Vygotsky,1978)。研究发现,当学生感知到来自教师的支持时,其学业适应水平显著提高;学业适应不良的学生若获得教师的支持,其不适应程度就会降低。这表明,教师的仁爱之心通过建立良好的师生关系,增强学生的社会适应能力并促进其心理健康。发展心理学和依恋理论也指出,稳定而温暖的师生依恋关系可为学生提供"安全基地",帮助他们更好地探索学习世界、调整负面情绪和解决问题。

在情绪情感层面,社会情感学习理论强调通过培养学生的社会情感能力,从而提升其学业成就和社会适应能力(Goleman,1995)。教师的仁爱之心会影响学生的情绪调节方式。情绪智力理论指出情绪智力在个人成功和幸福中的关键作用,教师的仁爱行为正是提升学生情绪智力的有效途径。研究表明,教师在课堂中的仁爱表现可显著提升学生的情绪智力,进而提高其学业成绩和社会适应能力(Durlak et al.,2011)。这与情绪社会化理论相符:教师的情感支持和示范可以促进学生情绪理解与调节能力的发展。

从动机理论角度来看,自我决定理论认为,个体的内在动机取决于自主、胜任和关系三种基本心理需要的满足(Deci et al.,2000)。教师的仁爱之心恰恰满足了学生的情感归属需求和被理解需求,增强了学生的学习主动性和投入感。相关研究显示,学生的学习投入受教师支持(尤其是情感支持)的显著影响。这意味着教师的关爱不仅提高了学生对学习的兴趣和责任感,而且在社会认知和期望价值理论的框架下,有助于培养学生的自我效能和目标价值。发展心理学观点也强调,在充满关爱的教学环境中成长的学生,更容易形成积极的自我意识和自我认同,这为他们的社会化和未来发展奠定了基础。

综上所述,仁爱之心的理论基础涵盖了伦理学、教育学和心理学的多重视角:它是儒家道德的延伸,是现代教育关怀的体现,同时也是一种促进学生社会适应、情绪调节、自我意识和学习动机发展的关键心理机制。

三、仁爱之心在教师职业中的作用

仁爱之心作为教师职业道德的重要构成要素,对教师职业的方方面面均产生重要影响。具体表现在构建和谐的师生关系、提升教师职业成就感与心理健康、推动教育伦理实践及促进教育公平等方面。

首先,仁爱之心为师生之间建立了信任桥梁,形成积极安全的学习环境,增强学生的课堂参与度与积极性。仁爱之心是教师职业道德的灵魂所在。它要求教师以宽容和耐心对待每一个学生,用关爱和尊重去激发学生的潜能和自信。仁爱之心使教师视学生为平等的个体,以仁义、同情之心激发学生的学习兴趣和人文精神,从而推动教育目标的实现。Wentzel(2002)的研究指出,教师的关爱与支持是构建师生信任关系的核心,能够促进学生在课堂上的积极表现。

其次,仁爱行为提升教师的职业成就感与心理健康水平。教师在关爱学生的过程中,也得到情感满足和职业认同,这有助于减轻职业倦怠,提升职业幸福感(Day et al.,2009)。此外,Spilt 等(2011)也证实,教师的仁爱行为不仅有利于学生,也明显有助于教师自身的心理健康。仁爱之心还对教师自身的职业成长具有积极意义。具有社会情感能力的教师更能理解他人、调节自己,从而维持较高的教学热情和职业坚持。由此可见,仁爱之心既是教师履行教书育人职责的驱动力,也是教师在教学岗位上获得成就感的重要源泉。

再次,仁爱之心体现教师职业道德的伦理典范,当教师将关爱注入教学时,不仅是对学生的贡献,也是在塑造自己的人格魅力和道德情操。教师通过仁爱行为为学生树立榜样,促进其品德形成与成长(Rogers,1961;Tirri et al.,2002)。

最后,仁爱之心在实现教育公平方面发挥重要作用。Noddings(2005)指出,教师的仁爱行为特别关注弱势群体,通过个性化的教育援助实现教育公平。Gay(2002)进一步证实,这种行为能有效创建无歧视的教育环境,推动教育多样性与公平性。

四、仁爱之心在教学实践中的体现

教师的仁爱之心具体体现日常行为和教育教学活动的方方面面。包括对学生的平等尊重、个别关注和情感支持等。例如,教师会通过鼓励的话语、体贴的关怀和及时的帮助来关心学生的学习与生活;通过为学生提供安全的课堂氛围和包容的评价标准,让每个学生感受到被尊重和被接纳。这些行为不仅提升了课堂效率,更在无形中传递出师爱的力量,真正实现"言传身教"中的仁爱理念。

教师的仁爱之心通过教学实践活动影响学生的全面发展,包括社会适应、情绪调节、自我意识与学习动机等。

首先,就社会适应而言,有研究发现教师的支持行为是促进学生学校适应的重要外部因素。当教师以仁爱之心对待学生时,学生会感受到集体的温暖和归属感,从而增强他们融入同伴群体、遵守学校规范的意愿。教师对学生积极的期待和鼓励,也让学生更加自信地参与学校活动,形成良好的社会互动模式。可以说,仁爱之心为学生提供了宝贵的社会支持资源,提高了学生在学校环境中的适应水平并降低了逃学、焦虑等问题发生的可能(王永丽,2023;刘在花,2023)。

其次,在情绪调节方面,仁爱之心使教师成为学生情绪宣泄和调适的可靠支持力量。教师的理解与关心能够缓解学生的负面情绪,使学生在面对困难时更容易获得情绪安抚和正面引导。教师关怀行为能够显著降低学生的抑郁程度,其作用通过学生采用更有效的情绪调节策略(如认知重评)得以体现(王永丽,2023)。换句话说,仁爱之心帮助学生学会正向看待挫折、重新构建困境的意义,并减少因情绪问题而导致的学习障碍。在教师仁爱之心的作用下,学生不仅情绪更加稳定,而且在压力情境中能更好地保持心理平衡。

再次,仁爱之心对学生自我意识和自尊的发展也具有促进作用。在充满爱与尊重的教育氛围中,学生更容易形成积极的自我概念。教师的信任和鼓励让学生意识到自身价值,提高了自我效能感。教师对差异化学习需求的关注和尊重还帮助学生认识到个体的多元价值,从而形成健康的自我认同。尽管现有实证研究较少直接测量教师爱心对学生自我意识的影响,但根据社会认知理论,重要他人(如教师)对个体自我评价有显著影响:教师的肯定与支持往往成为学生构建自我形象的"镜子"。因此,可以预期,仁爱之心通过增强学生的自信和归属感,促进了他们自我意识的发展。

最后,仁爱之心还直接促进学生学习动机的发展。仁爱之心有助于构建健康的师生关系,进而促进教育效果。良好的师生关系是高效课堂的重要因素,教师倾注关爱的行为满足了学生的情感需求,增进学生对教师的信任和依赖,激发学生内在的好奇心和求知欲。根据自我决定理论,当教师展现出仁爱之心时,学生更能体验到自主性和意义感,从而更积极主动地参与学习活动。温暖支持的师生关系能够提高学生的学习动机、自我效能感以及学业成绩,降低学生的学习焦虑和反社会行为。教师的激励和关怀也提高了学生对学习目标的重视,使学习活动本身更有内在价值。综上所述,仁爱之心通过情感支持和价值引领的方式,促进了学生的学习投入和学习动机发展。

综上所述,仁爱之心不仅是教师职业道德的情感基石,也是实现教育目标、推动学生全面发展的核心力量。将仁爱融入教育实践,体现了教育的人文价值和伦理追求,对培养未来社会所需人才具有深远意义。

第四节 正义感

正义感是指个体对公平与正义原则的认知理解、情感认同及行为倾向。在教育领域,正义感具有重要而特殊的价值,它体现为教师对学生、同事及教育制度始终坚持公正与诚实,具体而言,教师应公平评估学生的表现、公平合理地分配教育资源,并在日常教学与管理活动中自觉遵守职业伦理与法律规范。正义感不仅关系到教师个人道德修养与行为取向,也直接影响教育质量,当教师感知到其正义理念能在教育实践中得到体现时,其职业满意度与自我效能感也能得以提升。

正义感是教师职业道德的重要组成部分,有助于教师在面对职业挑战与压力时保持心理平衡与职业满足。认人有公正感的工作环境有助于缓解教师的职业倦怠,提升其工作投入与心理健康水平。在职业生涯面临困难时,有正义感的教师更能坚守自身价值观与职业操守,表现出较强的心理韧性与适应能力。相反,缺乏正义氛围的工作环境可能使教师陷入道德困境,承受心理压力,进而损害其心理健康。

在师生关系维度,正义感会促使教师公平、公正地处理学生问题与冲突,有助于增进学生对教师的信任与尊重。同时,教师的正义行为为学生树立了道德典范,影响着学生的道德观念与社会行为。教师在课堂内外所表现的正义感,引领并塑造着学生的价值观与行为准则,引导他们形成公平、正直的人格特质。

此外,正义感还是提升教师职业满意度与幸福感的关键因素。当教师感受到来自学校管理层的公正对待及同事间的相互尊重时,他们会更有工作热情,表现出更高的职业承诺。公平的工作环境不仅能激发教师的工作效率,还能显著增强其职业成就感与自我价值认同。

综上所述,正义感是教师职业道德体系的重要组成部分,不仅有助于教师应对职业挑战、维护心理健康,也能促进师生关系和谐,推动学生全面发展。因此,培养与维护教师的正义感,对于提升教育质量、实现教育公平具有重要价值。

一、正义感对教育公平和道德教育的影响

正义感在教育领域内,特别是在教育公平与道德教育方面,扮演着重要的角色。它不仅是教师与学生共同认知道德价值、践行公正原则的基础,更是推动教育环境向更加平等、尊重方向发展的必要条件。

在教育公平方面,正义感首先体现在资源的公正分配上。教师的正义感影响着他们如何给每一位学生合理、公平地分配时间、关注度及教育资源。具备高度正义感的教师更加关注特殊学生群体的需求,努力消除教育机会的不平等现象,使每位学生都能获得应有的教育资源与支持。此外,正义感还影响教师对学生表现的评估与反馈。他们会采用一致的评价标准,不因学生的个人背景或能力差异而有所偏颇,确保评价的公正性与客观性。在教育政策制定层面,正义感引导政策制定者制定有利于促进教育平等的政策,为不同学生群体提供基于公正的差异化教育支持,使每位学生能在适合自己的教育环境中茁壮

成长。

在道德教育领域,正义感更是不可或缺的核心元素。它标志着个体道德认知的成熟与深化,是引导学生理解并内化正义原则的重要桥梁。教师通过讨论道德困境、分析公正案例,以及讨论伦理议题,帮助学生构建正确的道德观念,形成积极的道德行为模式。同时,正义感还影响学生的行为选择与社会互动。教师以身作则,展示如何在现实生活中践行诚实、公平、尊重等正义原则,为学生树立道德榜样,促进他们的社会化进程。

综上所述,正义感在教育公平与道德教育中扮演着重要角色。它不仅能够推动教育环境向更加平等、尊重方向发展,更是培养学生道德意识与行为规范的重要途径。因此,应该高度重视并积极培养教师与学生的正义感,以构建更加公正、和谐的教育环境。

二、正义感对教师决策和学生行为的影响

作为教师职业道德的重要成分,正义感对教师的课堂管理、教学决策,以及对学生行为的指导均有直接影响。正义感不仅是教师道德决策的基础,使教师能够从正义原则出发解决复杂的教育教学问题,还促进了教师道德认知的不断深化。根据道德发展理论,决策的层次与道德认知的成熟度紧密相关,而正义感正是推动个体从遵循外在规范向内化普遍伦理原则转变的重要因素。

具有高度正义感的教师会采用促进公平的决策模式。在教学评估中贯彻公正原则,确保每位学生获得平等对待。正义感强的教师会采取包容性教学策略,确保教学内容与活动对所有学生的公平性,从而增强教学的有效性与公正性。在处理学生行为问题时,采取更为公正、建设性的措施,用恢复性实践替代传统惩戒制度(Gregory et al.,2016)。这种正义导向的决策模式有助于构建基于尊重与理解的课堂环境,为学生提供积极的学习氛围。

教师的正义感还体现在对学生个体差异的觉察和应对上。他们能够认识到不同社会经济文化背景的学生所面临的不平等挑战,并做出相应调整,以更好地支持所有学生的学习与发展。这种基于正义感的关怀和支持,能够促进学生的全面发展。

正义感不仅影响教师的个体决策,还会通过教师作用于学校政策的制定与实施。教师的正义感在反欺凌等关键政策制定中发挥了重要作用(Smith et al.,2015)。基于正义原则的政策制定,有助于构建公正、包容的学校环境。

根据社会学习理论,教师的正义行为能够为学生树立行为榜样。学生通过观察、模仿并内化教师的正义行为,逐渐形成自己的道德判断与行为模式。教师通过公正的管理和公平的规则,为学生提供明确的行为方向与结果预期,减少了行为问题的发生。同时,教师在处理矛盾和冲突时所坚持的公正原则,不仅能解决当前问题,还为学生未来的社会交往提供了经验与指导。这种基于正义感的师生互动模式,增强了学生对教师的信任与尊重,有助于构建积极、有效的师生关系。

此外,有多项研究揭示了正义感对学生学业成就、行为规范,以及社会适应和心理健康产生的积极影响。当学生感受到教学过程的公正性时,其学习动机与学业表现均会得到显著提升(Colquitt,2001;Wang et al.,2016)。正义氛围的营造还有助于减少学校暴力与欺凌事件(Orpinas et al.,2006),为学生提供一个更加安全、和谐的学习环境。综上所述,教师的正义感在教育教学活动中具有重要价值,能够推动教育公平、促进学生全面发展。

三、教师培训中融入正义感教育的策略

正义感作为教师职业道德的重要组成部分,是促进教育公平与深化道德教育的必要条件。因此,将正义感教育纳入教师培训体系,不仅是提升教育质量的要求,也是强化教师职业道德素养的途径。

科尔伯格(Kohlberg,1981)的道德发展理论指出,通过道德评价的阶段性提升,可以有效增强个体的正义感。在教师培训中,可以通过案例研究与道德困境讨论提升教师正义感。选取有代表性的道德和正义感相关案例,如学生评价的公正性、资源分配的合理性等,组织教师进行小组讨论,鼓励其深入剖析、反思并在实际工作中应用正义原则,从而促进其道德认知向更高层次发展。

此外,依据社会学习理论,教师培训中的正义感教育还可利用模范行为与角色扮演等教学手段。通过展示正义行为的榜样或让教师在模拟教学环境中扮演不同角色,如学生、家长或同事,亲身体验不同视角下的正义,增进对他人立场与情感的理解,从而更好地践行正义原则。

正义感教育可以从三个方面开展:①案例研讨,通过精选案例进行深入讨论来提升教师在复杂教育情境中的正义判断能力。②反思性写作,鼓励教师自我审视在教学实践中遇到的挑战及其应对策略,促进个人道德成长。③角色扮

演与模拟教学,通过情境模拟与即时反馈,帮助教师在实践中掌握正义行为的具体操作与应对技巧。

教师职业道德作为教育质量与学校文化的基石,不仅关系到教学水平的提升,更直接影响学生的长远发展。责任感、使命感、仁爱之心与正义感作为教师职业道德的核心要素,彼此关联、共同塑造教师职业行为。因此,在教师培养及职业发展过程中,应高度重视教师职业道德教育,以应对不断发展的教育实践与社会需求,推动教育高质量发展。

第四章 教师职业能力

教师职业能力,是保障教育质量、促进学生学业成就的核心心理特征,作为教师职业心理健康构成因子之一的教师职业能力,并非只关注传统的教学技能与知识框架,而是融合了持续学习、创新思维及主动性等要素。

本章将深入剖析教师职业能力的构成要素,包括反思能力、学习与创新能力,以及主动性,并探讨这些能力如何影响教师的教育教学效能。

教师的职业能力是教师高效教学及专业发展的基础。其中,教师反思能力是教师对自身教育观念及行为的认知、监控、调节能力(武海燕,2001),使教师不断审视自己的教学活动,调整教学方法,不断提升教学质量;学习与创新能力是教师探索未知、尝试新教学模式与技术的源泉,激励教师不断创新,引领教学前沿;而主动性则是教师参与教育改革、推动个人专业发展的内在动力,推动教师积极投身教育改革,不断拓宽职业视野,深化专业素养。

教师职业能力不仅能帮助教师面对教学工作中的挑战,更为人才培养模式的创新与发展注入了强大活力,有利于创造性人才的培养。由教师职业能力带来的职业成长能提高教师职业满足感与成就感,从而提升其幸福感和工作热情。

第一节 反思能力

在教师职业发展过程中,心理健康状态与职业满意度被广泛认为是影响其教学效果持续性与职业稳定性的关键因素(Jennings et al.,2009)。维护教师职业心理健康,不仅要关注如何有效应对日常教学所伴随的压力与挑战,更要强调通过职业能力提升来提高心理韧性及自我效能感。其中,反思能力使教师能够从自身的教学实践与职业生涯中提炼宝贵经验,从而灵活调整并优化其专业发展路径。

本节聚焦于反思能力,将其作为一种高效的自我调节机制,探讨其如何帮助教师评估并调整教学策略、管理情绪反应,以及处理与学生、家长、同事间的人际关系。剖析反思的类型及具体实践策略,并讨论如何促进教师反思。

一、反思的理论基础

(一)舍恩反思循环理论及其对教师心理健康的影响

唐纳德·舍恩提出的反思循环理论,揭示了专业知识构建过程中的"反思性实践"维度。该理论主张,在面对充满不确定性、独特性或冲突性的教育情境时,教师可以通过"行动中反思"与"对行动的反思"两个环节,不断促进专业能力的螺旋式上升。这一理论框架为教师构建了一个持续学习、心理健康与职业发展并进的动态系统。

行动中反思:行动中反思即教师在教学实施过程中即时进行的思考与应对策略调整。这要求教师在面对突发状况或学生个性化需求时,能够迅速调动认知资源,灵活应对,展现出高度的敏锐性与应变能力。通过培养这种即时反思能力,教师可以更加从容地驾驭复杂多变的课堂环境,有效缓解因不确定性带来的心理压力,从而降低焦虑水平与职业倦怠感。

对行动的反思:对行动的反思,则发生在教学活动告一段落后,教师需对教学过程及其成效进行全面回顾与评估。这一过程促使教师从更广阔的视角审视教学策略的有效性、职业行为的合理性,以及未来改进的可能性。通过系统性的反思,教师能够深化对职业的理解,增强自我效能感,从过往经验中汲取养分,不断优化教学实践,进而提升职业满意度与自尊水平。

(二)吉布斯反思循环在教育教学及教师心理健康领域的应用

格雷厄姆·吉布斯于1988年提出的反思循环模型,作为一种结构化的学习促进机制,旨在引导个体深入剖析经验,提炼价值。该模型为教师反思提供了系统化框架,可以全面审视并优化其教学实践,进而促进教学质量的提升与个人职业满意度的增强。

如图4-1所示,吉布斯反思循环细化为六个紧密相连的阶段,为教师提供了一个详尽且操作性强的指导路径,以深化对教学实践的洞察与改进。各阶段具体阐释如下：

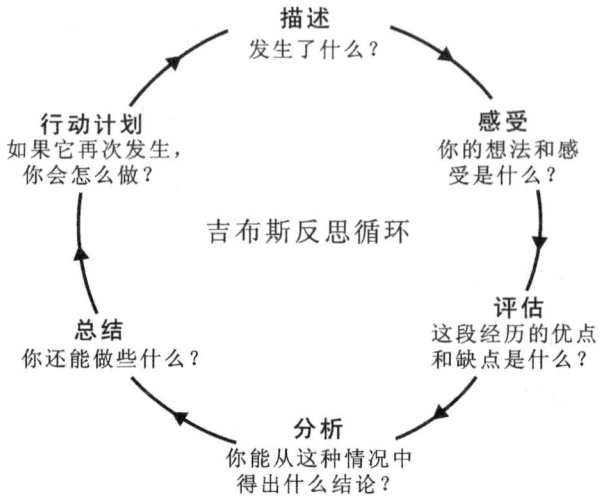

图 4-1 吉布斯反思循环

描述阶段：此阶段要求教师对特定教学事件进行详尽而客观的描述，涵盖时间、地点、参与者、事件流程及其结果，力求排除主观偏见与情感因素的干扰，确保描述的准确性与全面性。

感受阶段：教师需回顾事件过程中的情感体验，包括即时反应与后续反思中浮现的情绪变化，同时关注其他参与者的反馈。通过深入剖析产生的情感因素，教师能够深刻地理解情绪如何影响其教学决策与行为模式，为后续的理性评估奠定基础。

评估阶段：在此阶段，教师需对事件进行积极影响与消极影响的双重评价，识别成功之处与待改进空间。这一过程不仅有助于教师巩固教学优势，更能明确后续发展的方向，促进教学能力的持续提升。

分析阶段：分析阶段聚焦于探究事件背后的原因与逻辑，分析教学策略的选择依据、教育理念的实现路径以及可能存在的替代方案。通过这一过程，教师能够加强理论与实践的结合，深化对教育教学活动的理解，为教学策略的优化与创新提供有力支持。

总结阶段：在总结阶段，教师需基于前述反思，提炼出具体的经验教训与启示。此环节强调对未来相似情境的预见性思考，促使教师思考如何运用既有经验提升应对能力，或识别是否需要额外资源与技能的支持。

行动计划阶段：作为吉布斯反思循环的终点与新的起点，本阶段要求教师制定明确的行动计划,规划在类似情境下所采取的不同策略与措施。这一步骤旨在确保教学反思成果转化为实际的教学改进行动,推动教师的持续专业成长与职业发展。

综上所述,吉布斯反思循环是教师提升教学质量、增强职业满意度与自我效能感的有力工具。反思循环不仅能促进教学策略的灵活应用与调整,还能帮助教师有效管理情绪与压力,缓解职业倦怠,为教育事业的持续发展注入活力。

二、反思的类型及其具体实践策略

教师反思作为提升教学质量与促进专业发展的核心机制,呈现出多样的类型特征与操作路径。不同类型的反思体现了教师专业成长的不同阶段和维度,其有效开展有赖于系统的实践策略。

(一)反思的类型

个体反思:个体反思强调教师基于教学实践的自我审视与批判性回顾,通过撰写教学日志、反思性日记或利用在线博客平台展开。其核心在于对具体教学事件的重构、教学决策的回顾及教学成效评估,以期从日常教学经验中提炼出可迁移的专业知识与实践智慧,为教师个体的成长奠定基础。

同伴反思:同伴反思构建于教师间合作与共享的基础之上,主要通过听课互评、教研活动及小组讨论等形式实现。这类反思有助于打破教学孤岛化倾向,促进经验共享与多元观点的对话,提升教师集体专业判断力与课堂执行力,进而推动教学共同体的整体发展。

结构化反思:结构化反思多嵌入于制定化的教师专业发展机制中,典型形态包括教学研讨会、工作坊、教研督导会议或公开课等。这类反思由外部引导与规范化流程构成,强调专业理论的输入与反思框架的引导,在提升反思深度与科学性的同时,有助于教师在专业支持下实现认知重构与教学行为的系统优化。

(二)反思实践策略

教学日志与日记:教师通过持续性记录教学过程中的关键片段与情感体验,不仅保留典型教学案例,还能形成对教学事件的敏锐观察力。长期的日志撰写有助于反思能力的内化与提升,并为系统的教学回顾提供可追溯的资料基础。

视频录制与回放:利用视频技术,教师可实现对自身教学过程的客观捕捉与多次回顾。通过对课堂言语行为、非言语互动及学生反应的观察,教师能够更加直观地识别教学盲点与改进空间,进而调整教学策略。

专业发展工作坊:在专家指导下,教师参与专业发展工作坊,围绕教学难题、前沿理论与教育技术展开深入探讨。这种互动式学习模式强调理论与实践的整合,有效促进教师对新理念的理解与接受,推动其教学观念的更新与方法的重构。

行动研究:行动研究作为一种系统性的反思方法,鼓励教师将自身教学实践设定研究议题,收集并分析数据、制定并实施改进方案。该策略突出教师的"实践研究者"身份,强化了教学改进的理论支撑与循证基础,是促进教师专业成长与实践创新的重要方式。

综上所述,多样化的反思类型与实施策略为教师提供了丰富的理论基础和方法路径,助力其从多维度、深层次审视并优化教学实践。在新时代教育改革背景下,构建以反思能力为核心的教师发展机制,将成为提升教育质量与推进教师专业化的重要抓手。

三、教师反思的心理益处

教师在教育生态系统中面临多重压力,包括教学任务、学生行为挑战及教育成果的高期望等。反思,作为一种内省与调适的机制,有助于教师识别并管理压力源。通过反思,教师能够评估教学策略与课堂管理技巧的有效性,从而减轻因教学效果未达预期而产生的焦虑与压力。此外,反思作为教师情绪表达的途径,有助于情绪的宣泄与释放,减少情绪紧张与累积,有效预防职业倦怠的发生。研究表明,参与反思的教师职业压力水平较低,压力应对能力更高,凸显了反思在应对挑战、减轻心理压力方面的积极作用。

反思对于增强教师的自我效能感和职业满意度具有显著作用。作为自我提升与强化的过程,反思进了教师对自身教学能力的自信与信念的构建。Kyriacou(2001)的研究指出,反思实践使教师能清晰识别教学优势与改进空间,进而提升自我效能感与职业满意度。当教师通过反思发现并有效运用教学策略或解决课堂难题时,其面对未来挑战的心理韧性亦随之增强。

此外,反思是培养教师积极心态与情绪管理能力的重要途径。反思促使教师全面审视情绪反应,学习有效管理情绪,以更加积极的心态应对教学挑战。具备反思习惯的教师倾向于采取积极应对策略,如寻求支持、设定目标及自我调节,从而维持良好的心理状态。

反思实践还加深了教师的职业认同感与归属感。通过反思,教师深化了对教育使命与价值观的理解,增强了教育事业的投入感。与同行的反思经验分享,巩固了专业关系,促进了专业支持网络的构建,进一步提升了教师的归属感和群体凝聚力。

四、教师反思对教学效果的积极影响

教师反思不仅促进个人成长,也会影响教学质量与学生学习效果。

首先,反思是提升教学质量与学生学习效果的关键。研究表明,反思使教师能全面审视教学行为与方法,及时纠正问题,从而提升教学效能与技能,学生的学习成绩与课堂参与度也随之提高。

其次,反思助力教师提供个性化学习支持。通过反思,教师能深入了解学生差异与需求,调整教学策略与方法,满足学生个性化学习需求,提升其学习动机与效果。

再次,反思促进学生批判性思维与自主学习能力的培养。教师的反思实践使学生明确学习目标与要求,制定有效学习计划,同时鼓励学生参与讨论与探究活动,培养其批判性思维与自主学习能力。

最后,反思实践营造了积极的学习氛围与师生关系,为学生学习与发展创造有利条件。教师的反思热情与责任心会感染学生,促进其积极参与课堂活动。同时,反思带来的关怀与支持,增强了师生间的信任与尊重,促进了学生的全面发展。

五、构建促进教师深度反思的学校文化生态

在构建充满活力与高度互动性的学校环境中,营造一种积极促进教师反思的文化氛围显得尤为关键。学校应搭建一个资源共享、相互启迪、彼此扶持的平台,以强化教师间的交流协作,共同推动反思实践的深化与普及。具体而言,学校需培育一种开放包容、鼓励创新的工作环境,使教师能够无拘无束地阐述并分享其反思心得与独到见解。这种文化氛围的营造,旨在让教师感受到被尊重与支持的温暖,进而激发其参与反思实践的内在动力。

同时,学校应积极倡导建立学习型组织的理念,将持续学习与不懈改进视为学校发展的核心驱动力。通过把强化反思作为教学实践中不可或缺的一环,学校鼓励教师不断审视自我、探索新知,以此促进个人教学技艺的精进与教育

理念的创新。这样不仅有助于提升学校整体的教学质量与学生学习成效,更为教师个人职业生涯的持续成长与发展开辟了广阔空间。

此外,学校还应培育日常的反思文化,将反思文化深植于学校工作的方方面面。在此情境下,反思不再仅仅是一项任务或要求,而是成为教师职业生活中的一种自然习惯与责任担当。学校应鼓励教师之间开展常态化的反思交流与互助活动,促进反思成果的及时转化与应用,使之成为推动学校教学改进与发展的重要力量。通过上述举措,学校不仅能够显著提升教学质量,更能在教师团队中凝聚起强大的向心力与共同愿景,共同推动教育事业的发展。

第二节　学习与创新

在当今快速变迁的社会环境与教育环境中,教师的职责早已超越了单纯的知识传授。他们需要持续学习、不断创新,以有效应对技术和社会发展带来的教育挑战,不断提升教学质量。教师不仅是知识的传播者,更是教育教学改革与创新的先驱与引领者。教师的学习范畴广泛且深入,不仅涵盖传统知识,更强调对教育前沿技术的精通、教育理念的及时更新,以及教学方法的创造性变革等。这种持续的学习能够确保教师紧跟教育发展的步伐,进而增强教学的实效性与吸引力。

同时,教师的创新能力是设计新颖教学活动、营造启发性学习环境的关键,这种能力能有效激发学生的求知热情与创造力。此外,学习与创新还有助于教师在面对教学难题与学生个性化需求时,能够运用批判性思维,灵活制定并实施高效解决策略。

本节将深入剖析教师学习与创新的理论基础与影响因素,并探索激励教师学习与创新的策略。

一、教师终身学习与创新能力

在当代教育体系中,终身学习与教学创新已成为教师专业发展的两大关键支柱。前者是教师不断更新知识体系、提升教育理念与教学技能的重要路径;后者则体现为教师在教育实践中积极探索、不断突破,勇于引入新理念、新技术与新方法,提升课堂教学的有效性与学生发展的整体质量。

终身学习不仅关乎教师个人能力的持续提升,更是应对教育变革和满足时代发展要求的基础保障。教师应在职业生涯的各个阶段,主动拓宽专业视野,深入理解教育理论的演进趋势,持续优化教学行为。这一过程涵盖了从传统学科知识的深化,到对教育技术应用的熟练掌握,以及教育理念的不断更新。

教学创新则更多体现在教学实践的不断打磨与变革之中。教师需要结合教学情境,因材施教,灵活运用多种教学资源与手段,如信息技术工具的融合、教学材料的创设、课堂互动机制的重构,以及多样化的学习评价方法的探索。教学创新并非一味追求"新奇",而应着眼于教育目标的达成与学生学习质量的实质提升。

(一)教师学习与创新的重要性

教师持续学习与不断创新,是推动教育现代化的核心动力。当前,教育所面临的环境日益复杂,信息技术迅猛发展、学生需求日益多元、教育目标持续调整,这些都对教师的专业素养提出了更高要求。教师若不能及时更新知识结构和教学方法,便难以应对现实教学中的种种挑战。

尤其在人工智能技术迅速发展的背景下,教育形态正在经历重塑。智能推荐系统、自适应学习平台、自然语言处理技术与生成式人工智能等已广泛应用于教学支持与课程资源生产。人工智能不仅改变了教师与学生之间的互动模式,也对教师的角色边界、教学任务结构以及专业能力体系提出了新的挑战与重构要求。教师必须具备理解与运用人工智能技术的能力,将其转化为提升教学效率与个性化支持的工具。因此,教师的持续学习与技术更新,是提升教学实效、激发学生兴趣与主动性的关键所在。

对于教师个人而言,学习与创新亦是职业成长的催化剂。它不仅有助于教师在专业层面上不断突破,还能增强其职业认同感与自我效能感。长期保持学习与反思的习惯,有助于教师形成鲜明而成熟的教学风格,在应对复杂教学情境时展现出更强的适应性与创造力。

教师学习与创新的效益,最终体现在学生发展上。教师所采用的教学策略和课堂组织方式,直接影响学生的学习动机、学习路径与学习成效。通过项目式学习、翻转课堂、探究式教学等方式,教师不仅提升了教学的互动性与深度,更有助于学生批判性思维、自主学习能力与综合素质的提升。

此外,教师学习与创新对于提升教育系统的整体适应性与韧性具有重要意义。当学习与创新成为教师群体的职业共识与日常实践时,教育组织内部将形成积极的知识共享文化与专业支持氛围,从而进一步增强教育系统的协同能力与持续发展能力。

教师作为社会文化的重要塑造者,其教学理念和行为方式对学生价值观念与社会行为模式的形成具有深远影响。在教育过程中持续学习并推动创新,有助于教师更好地引导学生形成开放、多元、富有创造力的思维方式,进一步推动社会文明的进步与教育公平的实现。因此,教师学习与创新不仅是专业发展的内在需求,更是实现教育强国与文化强国目标的重要保障。当前,面对人工智能带来的范式变革,教师学习与创新更需同步推进"人机协同"的新型教育生态建构,才能真正引领教育未来的发展方向。

(二)教师终身学习的理论基础

教师终身学习的理念植根于成人学习理论中,特别是 Knowles(1975)所倡导的成人学习自主性理论。该理论强调,成人学习者通常具备较强的自我导向性,倾向于以自身丰富的经验为基础进行学习,这与儿童在学习动机与需求上的特点形成鲜明对比。成人学习者的特点主要包括:自我管理与自我指导能力强,即能自主规划并掌控学习过程;善于从实践经验中提取和建构知识;追求学习的即时应用性,偏好能直接应用于实践的知识与技能;问题导向式的学习态度,成人学习往往围绕解决实际工作或生活中的问题而展开。对教师而言,这意味着在专业发展过程中,能够主动选择适宜的学习资源与路径,并善于整合个人经验,以促进教学方法和课程设计的优化等。

职业发展理论为理解教师终身学习提供了另一重要视角。Super(1992)在其职业生涯发展模型中提出,职业发展是一个伴随个体生命周期的、不断追求自我概念实现的动态过程,个人会根据自身的需求、兴趣及能力调整职业路径。教师在职业发展的不同阶段,其学习需求也会随之变化,从初入职场时掌握基础教学技能,逐步转向对教育管理、战略规划等高级领域的探索。同时,教师在校内可能扮演着多重角色,如教研组长、课程开发者、年级组长等,这些角色的转换往往伴随着对新知识与技能的持续学习需求。

在知识社会的语境中,终身学习被视为教师不断进行知识更新与专业实践改进的基本路径。知识与技术更新的加速,使得教师必须保持持续学习状态,主动掌握新的教育理念与技术,才能确保教学适应时代发展。这一趋势使得终身学习不仅成为教师个体发展的需求,更是提升教育质量的重要保障。

(三)教师创新能力的理论视角

教育创新理论致力于阐释新理念、新技术或新方法在教育实践中的引入机制。该理论认为,教师的创新不仅在于对新技术新策略的简单采纳,更在于如何将这些新元素与教育目标及学生需求紧密结合,以创造出更加有效的学习环境。Fullan(2001)指出,教育创新的成功实施需关注使用者需求、创新质量及外部环境支持三大要素,强调对教师进行持续的专业培训并加强系统的组织支持,以确保新技术与新方法能真正融入教学实践。

Rogers(2003)的创新扩散理论则详细阐述了创新在社会系统中的传播机制,为理解教师创新行为提供了清晰的分析框架。教师是否愿意采用某项教学创新,如采用新技术、设计互动课程或实施新教学策略,取决于其感知的创新相对优势、兼容性、复杂性、可试验性及成果的可见度。当某项教学改革具有明显效益且易于实践时,教师更有可能积极采纳,并转化为教学行为。

创造力理论更关注教师如何在教学设计与实施中体现创造性思维。Amabile(1983)提出的成分理论指出,创造力由专业知识、创造性思维技能及内在动机三大要素构成。在教学情境中,这意味着教师需要具备深厚的学科知识、解决教学问题的创新思维,以及对教育事业的热情与投入。通过提供专业发展机会,可以有效提升教师的专业能力,从而增强他们在教学中的创新倾向与能力。

知识管理理论则强调教师创新不仅来源于个体能力的提升,更依赖于群体内部知识的流动与共享。教师通过参与团队合作、专业学习共同体及在线平台等方式分享创新教学经验和资源,形成协作网络,这对提升组织内教师整体的创新能力与系统活力具有重要意义。

多项研究表明,教师的终身学习能力与创新能力对提升教学质量及学生学习成果具有积极影响。Opfer等(2011)的研究发现,教师参与职业发展活动与学生学业表现之间存在正相关关系;Smith等(2005)的研究也表明,教师创新教学策略能有效提高学生批判性思维与创造力。这些研究成果不仅凸显了教师继续教育的重要性,也强调了创新教学方法在教育实践中的价值与意义。通过持续学习与创造性探索,教师能够更好地满足学生需求,从而提高教学质量,促进学生的全面发展。

(四)教师终身学习与创新能力的影响

教师的终身学习理念与创新能力,在推动教育质量提升及适应教育变革的进程中有重要作用。这些能力深刻影响着教师的职业满意度与学习驱动力,进而对学生的学业成就产生积极影响,并且持续促进教师教学实践的创新与优化。Day 等(2010)的研究揭示,教师参与终身学习活动与其职业满意度之间显著正相关,持续的学习与专业成长活动显著增强了教师的工作热情与职业忠诚度,推动其职业生涯,同时也提升了教学有效性。

在STEM(科学、技术、工程与数学)教育领域,教师参与继续教育尤为关键。通过参与专业培训课程与研讨会,教师能够更高效地传授 STEM 领域知识,激发学生的学科兴趣与探索欲。Darling-Hammond 等(2017)的研究进一步指出,定期参与职业发展课程的教师能够直接对学生的学业成就产生积极影响。

Desimone(2009)的研究细化了职业发展活动的效用分析,指出结构化的职业发展活动(如培训、研讨会、教学研究活动及同行观摩等)相较于非正式学习途径(如个人阅读与在线课程),在促进教师教学能力提升方面更为有效。此类活动为教师提供了实践机会,使其能够即时应用新知识与技能,并通过反馈循环与同行交流,不断优化教学策略与方法。

综上所述,教师的终身学习与创新不仅是自身专业发展的基石,也在很大程度上影响学生批判性思维的培养。项目式学习、翻转课堂及探究式教学等创新教学策略,能够有效激发学生的主动参与意识与深度思考能力,进而提升其学习动机与学业成绩。这些教学策略的有效实施依赖于教师的专业成长与教学革新意识。

二、教师学习动机与创新的影响因素

在教育领域研究中,教师学习动机的激发及其创新过程中遭遇的障碍,长期以来都是教师专业发展研究的重要主题。深入剖析这些因素,有助于构建高效且有针对性的教师专业成长策略与创新支持体系。

(一)教师学习动机的影响因素

教师学习动机是一个多层次、多路径交互构成的心理系统,其形成与维持受内外部多重因素影响。这些因素不仅影响教师参与专业发展活动的意愿,还直接关系到其学习成效及新知识与新技能在教学实践中的转化能力。

从内部因素来看,教师学习动机受个人信念与心理特质的影响。教师的自我效能感,即其对于成功完成教学任务并促进学生成长的内在信念,构成了学习动力的基础。Bandura(1997)指出,高自我效能感的教师更倾向于主动投入学习活动,勇于尝试新的教学策略。教师的个人兴趣与价值观也会影响教师学习动机:对教育问题的兴趣、对创新教学方法的偏好,能够激发其参与专业发展活动的积极性(Kwakman,2003)。职业身份与承诺也影响教师的学习动机:Opfer 等(2011)指出,教师倾向于选择与自身职业兴趣相匹配的学习内容。职业热情与使命感构成了教师持续参与学习的重要心理基础(Richardson et al.,2006)。同时,职业身份的建构及正向认同过程,是教师保持持久学习动力的关键因素(Beauchamp et al.,2009)。

从外部因素来看,教师学习动机受资源条件与技术支持的影响。随着教育技术的迅猛发展,在线学习资源的丰富性与易获取性成为激发教师学习动机的重要外部条件。Trust 等(2016)指出,技术的便捷性与可及性不仅提升了教师的学习意愿,还拓宽了其学习路径。另外,政策支持与激励机制也影响教师的学习动机:政策层面的支持,包括政策导向明确、经费投入,以及制度性保障,为教师参与专业发展活动提供了坚实的基础。Darling – Hammond 等(2017)强调,为教师提供专属学习时间与空间,能够显著提升其学习参与度与成效。此外,通过构建包括职业晋升机会、经济奖励及教学自主权在内的多元化激励机制,可进一步激发教师参与专业学习的热情与积极性。

(二)教师创新行为的影响因素

教师在探索与实施创新教学策略的过程中,常面临诸多现实障碍,主要表现在个体、组织和社会三个层面。

在个体维度,教师知识结构的局限与技术能力的不足,构成了采纳新型教学方法的主要壁垒。Ertmer(2005)指出,教师对新技术的不熟悉及其操作焦虑,常成为抵触使用新方法的心理根源。若教师未获得充分的专业培训或自信心不足,可能倾向于规避使用新工具与方法。此外,心理因素也可能成为阻碍,包括对失败的恐惧、对变革的抵触情绪,以及自我效能感低,均可能削弱教师尝试创新的意愿。教师面对学生及家长的期望压力时,可能因缺乏足够信心或担心创新失败而主动回避创新。

在组织层面,学校作为教师工作的主要场所,所提供的组织支持直接影响教师的创新行为。若学校未能给教师分配足够的时间以探索与实验新教学方法,或技术资源匮乏,将直接限制教师的创新努力。学校文化对创新的鼓励以及对失败的容忍度,会影响教师的创新活动。校领导的支持至关重要,Anderson 等(2005)研究发现,在领导支持及资源合理配置的学校,教师更倾向于在教学中尝试新的方法与工具。

在社会与政策层面上,教育政策与法规也会影响教师的创新活动。当政策过度强调标准化测试与量化评价时,将削弱教师探索新教学方法的动力(Rogers,2000)。此外,保守的家长与社区预期会成为教师创新行为的外部阻力。若教师预判创新教学可能遭遇家长群体的反对或不满,就可能为了避免冲突而维持现状,选择放弃创新行为(Hennessy et al.,2005)。

三、构建多维度的教师学习与创新激励策略

为有效激发并维持教师的学习动力与创新潜能,需构建一个涵盖个人、组织及社会技术系统三大维度的综合策略框架。该框架要求各维度策略不仅独立高效运行,还需相互渗透、协同作用,以形成促进教师持续成长与创新的强大合力。

从个人维度看,教师作为教育实践的核心主体,其个人成长与创新能力是提升教学质量、促进学生发展的关键。因此,应设计并实施一系列紧密贴合教学实践需求的培训项目,如定期举办工作坊、专题研讨会及在线学习课程,培训内容应紧跟教育发展趋势与技术革新步伐,确保教师能够及时掌握最新的教学方法与技术工具。此外,鼓励教师积极参与教育研究活动,提高对教学理论与实践相互转化的理解与应用能力。参与国内外教育会议,不仅能拓宽教师视野,促进知识更新,还强化了教师间的跨地域交流与合作。重视教师领导力的培养,使其在教育改革与创新进程中发挥引领作用,研究表明,教师领导力对于提升团队协作效率及推广创新实践有显著正面效应(Bush et al.,2012)。

从组织维度看,良好的学校文化氛围与组织结构能够激发教师的创新意愿与能力。学校应营造一个安全、包容的创新环境,鼓励教师尝试新方法,并从失败中汲取经验教训。校领导需积极投入资源,包括时间、资金及技术支持,为教师创新活动提供坚实后盾和必要的保护与支持。通过组织多样化的活动,如教学分享会、团队协作项目等,促进教师间的知识交流与资源共享,构建学习型、成长型的教师社群。

从社会及技术系统维度看,随着科技的飞速发展,新兴教育技术为教师提供了丰富的学习与创新资源。政府及教育机构应主动开发并推广高质量的开放教育资源,包括在线课程、学术论文、创新教学案例等,使教师能便捷地获取全球范围内先进的教学实践与研究成果。同时,教育政策制定者与资源分配者

应着眼于教师专业发展的长远规划,通过科学合理的政策引导与资源配置,持续满足教师的学习与创新需求。

在数字化背景下,现代教育技术为教师学习与创新提供了新的路径。借助学习分析和数据评估工具,能精准识别教师能力与发展需求,并据此设计个性化学习计划。运用智能教学系统与反馈机制,教师可及时掌握教学成效,灵活调整教学策略。此外,建设虚拟专业学习社群、设立创新实验室,为教师提供一个安全、自由的教学实验平台,鼓励其不断探索与实践新的教学方法和技术,从而推动教师持续学习与创新能力的全面提升。

第三节 主动性

主动性是教师职业能力的重要组成部分,体现了教师在工作中采取积极行动的倾向,这不仅仅是对外部要求的被动响应,更是一种主动寻求改进、解决问题并优化教学环境的能力。

一、教师主动性的定义及其影响

教师主动性表现为教师在职业实践中表现出的自发性、创新性和前瞻性等行为特质。它不仅涵盖了教师对教学责任的积极担当与热情投入,还涉及在应对职业挑战与学校环境变化时,教师自主寻求解决方案、把握改进契机的能力。

具体而言,教师主动性可细化为以下四个维度:①自我驱动性。教师在无直接外部压力的情况下,能够自主设定教学目标、规划教学流程并有效执行。②创新精神。表现为教师勇于并擅长采用新颖的教学方法和手段,以提升教学效果与学生参与度。③问题解决能力。当遇到教学难题时,教师能主动识别问题根源,并积极探索有效的解决路径。④持续增强学习意识。教师视专业发展为己任,不断追求教学知识与技能的更新与深化。

教师主动性的发挥,对其职业发展、工作效率、学生成就乃至心理健康均有重要影响。主动性高的教师能够有效地管理课堂秩序,创新教学策略,及时响应学生需求,营造积极向上的学习氛围。

研究表明,教师主动性与学生学习成效及教育质量之间存在正相关关系。主动性强的教师更倾向于采用以学生为中心的教学模式,如合作学习与项目式学习。这些模式有助于培养学生的批判性思维与问题解决能力。此外,他们也更愿意在教学实践中采用新技术、新理念,从而丰富教学内容,提升教学效果(Ertmer et al.,2012)。

从职业成长的角度来看,教师主动性是推动其专业发展的核心动力。主动追求专业发展、勇于挑战自我的教师,更容易于实现职业上的进步,获得职业成就感与满足感。通过持续学习与参与教育改进项目,教师能够显著提升其教学技能与教育领导力,更好地适应教育变革,增强自我效能感与职业满意度,有效缓解职业倦怠现象(Fullan,2007;Day et al.,2010)。

在快速变化的教育生态系统中,技术革新、政策调整及社会经济变迁等因素,均要求教师具备高度的适应性。主动性高的教师能够敏锐捕捉到这些变化,及时调整教学策略与内容,确保其教学的时效性与相关性。此外,教师主动性还会影响学校管理、课程开发乃至教育政策制定。他们积极参与学校决策,对教育政策与实践提出建设性意见(Leithwood et al.,2006),从而提升学校的教育质量,推动教育政策的改革与创新。

二、教师主动性的心理学理论与实证研究

对教师主动性提升有关的心理学理论与实证研究加深了对教师主动性本质的理解,并提供了可行的提升策略。

自我决定理论关注个体的三大基本心理需求:自主性、胜任感与归属感,这些需求的满足状况直接影响到教师的主动性水平。当教师感受到对教学实践与职业发展的控制权时,他们会表现出更高的主动性;胜任感体现在教师对自己实施新教学策略或应对教育挑战能力的自信上,这种自信是激发其主动性的重要源泉;而归属感需求则强调了支持性、鼓励创新的工作环境对于教师主动行为的促进作用。

目标设定理论指出,具体且富有挑战性的目标设定能够激发个体的动机与表现。为教师设定清晰、具有挑战性的教学与职业发展目标,可以有效提升其动力与主动性。此外,有效的反馈机制使教师能够及时了解自身在目标达成方面的进展,进一步激发其采取行动的积极性。

期望-价值理论从个体对成功的期望与对任务价值的认知两个维度出发,阐述了这些因素如何共同作用于成就动机。在教师领域,教师对成功实施新教学方法或项目的期望直接影响其主动性水平。当教师认为自己有能力并有望成功时,他们更可能采取主动行动。同时,任务价值,包括教师对活动的兴趣、

对活动重要性的认识,以及活动所带来的实际效益,也是影响其参与专业发展活动动机的关键因素。提升教师对专业发展活动价值的认知,能够显著增强其参与动机,进而促进其主动性的发展。

三、教师自主性的影响因素及培养策略

教师自主性的提升是一个受多种内外部因素交织影响的复杂过程。研究表明,赋予教师更广泛的自主权能够显著提升其职业满意度与教学创新能力。当教师在教学内容与方法的选择上拥有更多决策权时,他们更倾向于采用新颖的教学策略,并积极追求教育创新。这不仅改善了教师的工作态度与教学质量,还激发了其创新潜能与主动性。

持续的专业发展机会与正向反馈机制有助于增强教师主动性。通过参与定期的专业发展活动,如工作坊、研讨会及同行评审,教师可以不断提升教学技能并获取即时反馈,从而激发其持续发展的动力。此外,构建支持性的校园文化和高效的支持体系对于激发教师主动性具有重要意义。强化信任与组织支持不仅促进了教师间的合作和创新(Bryk et al.,2002),还增强了教师对学校支持的感知与职业自主性的体验,从而提升主动性水平。

在教育系统内培育教师主动性,是一个包括政策制定、组织文化塑造、个人发展促进及支持系统建立等多维度的综合过程。为有效促进教师的自我成长、创新行为及自我驱动能力,可采用以下有效策略:

构建支持性组织文化:营造一个安全、包容的环境,鼓励教师尝试新方法并从失败中汲取经验。定期举办专业发展活动,如工作坊和研讨会,以增强教师的专业能力与知识储备。

增强教师自主性与同伴支持:赋予教师在课程内容、教学方法及评估策略上的更多决策权,以提升其专业性与工作投入度。同时,鼓励教师参与或创建专业学习社群,促进同伴间的知识共享与相互支持,从而提高教师的满意度与教学效果。

促进教师参与管理决策:邀请教师参与学校管理与政策制定过程,赋予其在影响自身工作环境决策中的话语权。不仅能增强教师的责任感与归属感,还会提升其对学校政策的认同感与执行力,进而激发其工作积极性与主动性。

提供个性化专业发展资源:根据教师的个性化需求与职业发展阶段,提供定制化的专业发展计划,如领导力培训、技术技能培训或课程设计指导等。同

时,为教师搭建教育研究、创新教学法及新技术应用的平台,以激发其创新精神和主动探索的热情。

利用技术与数据驱动主动性:引入并培训教师使用教育技术工具,如学习管理系统、互动白板及教育应用程序等,以提升其教学效能与学生学习体验。同时,利用学生学习数据辅助教师进行教学策略评估与调整,实现数据驱动的反思与持续改进,从而提升教学质量。

实施激励性制度与措施:通过设立研究基金、推行奖励机制(如晋升、奖金或公开表彰)等,对表现突出的教师进行正向激励。这些制度与措施不仅提升了教师的积极性与满意度,也有助于推动其在教学与科研领域不断追求卓越。

第五章　教师职业情绪

在教师的日常教学活动中,情绪具有重要作用,影响面广,贯穿于课堂管理、师生互动,以及教师之间协作的各个环节之中。情绪的有效管理与调节,构成了教师专业素养的重要组成部分。

教师职业情绪结构可归纳为三个维度:情绪稳定性、坚韧性与共情。情绪稳定性,即教师在面对教学压力与不可预见的挑战时,表现出的情绪调控与适度反应的能力,能防止情绪剧烈波动,保障决策理智性与行为有效性;坚韧性,体现为教师在经历职业挫折或高压力状态下,能够迅速调整心态,恢复教学常态与情绪平衡的能力,赋予教师从逆境中汲取经验、持续成长的力量,同时守护着教师职业健康与学生的学习热情;共情表现为教师能够敏感洞察,并有效回应学生的情感体验与个性化需求,从而促进师生间和谐与高效的互动,有助于构建良好的师生关系和支持性课堂。

已有研究表明,教师自身情绪的调节与管理策略,不仅有助于提升教师的职业幸福感、缓解职业倦怠,还影响学生的学业表现、课堂氛围及师生互动质量。教育心理学领域还关注教师情绪的"传染效应",教师情绪状态通过非语言和互动行为影响学生的情绪反应与学习动机,成为塑造课堂文化、促进教学效果的重要因素之一。

第一节　情绪稳定性

教师的情绪稳定性在其教学表现、职业健康和学生学习体验之间起中介作用。稳定、积极的情绪状态能够提升教师的课堂效率,加强师生互动,从而营造有利于教学和学习的环境。相反,频繁的情绪波动或持续的负面情绪可能诱发职业倦怠,削弱教育效果,甚至对学校整体教育质量构成潜在风险。

情绪稳定性作为教师心理素质的重要体现,包括情绪平衡、自我控制和压力及挫折应对能力。教师在日常教学中需面对学生行为管理、课程进度压力以及与家长和同事的协作等多重任务。具备良好情绪稳定性的教师,通常能以理性、冷静的态度应对挑战,保持教学行为的一致性与决策的科学性。

情绪稳定性的意义不仅体现在教学层面,更深刻影响教师的心理健康与职业生涯发展。研究表明,情绪稳定性高的教师能更有效地平衡工作与生活压力,降低职业倦怠的风险。同时,他们也更善于建立积极的课堂氛围,促进学生情绪成长与学习表现。

一、情绪稳定性对教育教学的影响

情绪稳定性可以显著提升教师的课堂管理能力。依据情绪智力理论,情绪稳定性强化了教师的情绪识别与管理能力,使其能在课堂管理中保持理性判断与行为控制,营造有序、安全的学习环境,减少学生行为问题,提升课堂参与度。

情绪稳定性可以改善教学效果。根据社会学习理论,教师的情绪状态具有示范效应,情绪稳定的教师能以积极态度开展教学,激发学生兴趣与动机。他们会在教学活动中展现出更高的专注力与创造力,灵活应对课堂变化,采用多元化教学策略,有利于因材施教与学习效果的提升。

情绪稳定性能够促进和谐的师生关系。依恋理论认为,情绪稳定性是构建安全师生依恋关系的关键。情绪稳定的教师通过提供情感支持与理解,增强学生的归属感与安全感,构建基于信任与支持的关系,促进学生社会情感发展。

情绪稳定性能促进积极的课堂氛围。教师的情绪状态直接影响课堂氛围,情绪稳定的教师能够创造积极、支持性的教学环境,通过积极的情感互动提升学生的课堂参与和学业表现。

情绪稳定性能促进教师的持续性专业发展。从成人学习理论视角看,情绪稳定性是教师持续学习与发展的重要心理条件。情绪稳定的教师更能适应职业变化与挑战,保持成长动力,积极参与专业培训与教学改革实践,不断提升自身教学能力与综合素养。

二、教师情绪稳定性对心理健康的影响

情绪稳定性不仅直接关乎教师个体的心理状态，还间接影响教师的教学效能及人际互动的质量。情绪稳定性高的教师能够更有效地管理并调节自身情绪反应，即便在高压环境中，仍能维持心理平衡与职业满足感。

情绪稳定性在教师抵御职业倦怠中也发挥着重要作用。根据资源保存理论，情绪稳定性是一种重要的心理资源，有助于教师有效抵御职业压力带来的消极情绪，加速心理恢复，从而显著降低情绪耗竭的风险。教师在工作中常常遇到学生行为难题与家长多样化需求等问题，这些高强度的情绪劳动极易诱发情绪疲劳与消极情绪的累积，加剧职业倦怠。情绪稳定性高的教师能更为有效地应对此类压力，Schaufeli 等（2004）研究表明，情绪稳定性较高的教师报告的职业倦怠水平较低，表现出更强的职业热情与工作动机。

情绪稳定性在提升教师职业幸福感方面同样具有关键意义。具有良好情绪调节能力的教师，往往在面对挑战时更容易保持积极心态，提高解决问题的效能感与创造性，在职业生涯中体验到更多的成就感，提升了职业满意度。自我决定理论指出，自主性、胜任感与归属感是构成职业幸福感的核心要素，情绪稳定性通过这些心理需求的满足，提升教师的职业幸福感。Day 等（2009）研究显示，情绪稳定性较高的教师往往拥有更高的职业满意度与幸福感，他们在职业生涯中能够发现更多的意义与成就感，增强积极情感体验的同时，有效减少消极情绪。

情绪稳定性还有助于提升教师的自我效能感。情绪稳定的教师在教学中能保持积极自信的心态，在面对教学挑战时更能采取积极有效的教学策略，从而有效应对教学中遇到的难题。

情绪稳定性能提高教师情绪调节能力，减少心理问题发生。情绪稳定性高的教师通常具备更强的情绪识别与管理能力，在面对压力与挑战时能够保持冷静与理智，有效缓冲应激对心理健康的消极影响。减少冲动行为，从而维持更加稳定的心理健康状态。

三、促进教师情绪稳定性的途径

为有效促进教师的情绪稳定性，学校应从多维度入手，建立情绪支持机制。首先，可通过情绪智力培训项目提升教师的情绪识别与调节能力，形式包

括工作坊、专题讲座,以及在线课程等,培训内容可涵盖正念冥想及认知重构等实用技巧,帮助教师在压力下保持情绪平衡,预防过度情绪反应的发生。

其次,为教师提供心理咨询服务,有助于缓解工作与个人生活中的情绪困扰。通过提供专业应对策略与工具,帮助教师有效管理压力与情绪。此外,学校应鼓励教师间构建社会支持网络,如成立互助小组、组织经验交流会等,也有利于提升情绪支持系统的效能。

最后,学校还需优化教师工作环境,减轻不必要的行政负担,保障教学资源的供给,合理安排工作与休息时间。同时,应营造包容、尊重与自由表达的校园文化氛围,激励教师表达个人见解与情感,增强教师的归属感与团队凝聚力,为教师情绪稳定性与职业效能的提升提供坚实保障。

第二节 坚韧性

坚韧性是教师面对职业挑战与压力时表现出的应对与恢复能力。此特质深刻影响着教师的职业生涯,不仅有助于应对日常工作中的复杂难题与挫折,还能提升职业满意度与教学效果。

一、坚韧性在教师职业发展中的重要性

坚韧性对教师日常压力的管理具有显著作用。在教育实践中,教师常需应对课堂纪律维护、学生行为问题处理等压力情境。坚韧性强的教师能够在此类情境中保持冷静与理智,迅速恢复情绪平衡,确保教学活动的连续性与高效性。同时,面对教学、备课、评估及行政等多重任务交织的工作负担,坚韧性赋予教师高效的时间管理能力与持续的工作动力,有效预防过度劳累,维护身心健康。

坚韧性对教师职业倦怠的预防与应对同样重要。研究表明,坚韧性强的教师更倾向于采用积极的应对策略,如主动寻求外部支持、进行自我反思与调整(Schussler et al.,2010),从而保持心理状态的稳定与积极,降低职业倦怠的发生风险。此外,坚韧性还能激发教师保持职业热情与动力,促进职业稳定与长远发展(Gu et al.,2007)。

坚韧性有利于教师适应教育改革与组织变革。面对教育改革时,坚韧性强的教师能够迅速适应新政策要求,积极调整教学实践,确保教学质量不受影响

(Gu et al.,2007)。在学校组织结构调整中,他们同样表现出良好的角色适应能力与高效的工作表现,推动组织变革的顺利实施(Howard et al.,2004)。

坚韧性有助于教师应对技术发展的挑战。面对教育技术的快速发展,坚韧性提升了教师对新技术的接纳度与运用能力。依据技术接受模型,高坚韧性的教师具有更强的自我效能感与较低的技术焦虑,更愿意学习并应用新技术工具,提升教学成效(Ertmer et al.,2010)。这一过程不仅促进了教育技术的不断革新,也推动了教育教学的现代化进程。

坚韧性是促进专业发展与职业角色转变的基石。在专业成长道路上,坚韧性帮助教师应对学习压力与挑战。高坚韧性的教师以积极的学习态度与持续的学习动力,不断提升专业能力(Mansfield et al.,2016)。当面临职业角色转变时,他们会表现出更强的适应力与自信心,能够迅速掌握新技能,实现教育目标(Tait,2008)。

二、教师坚韧性对教育教学效能的影响

在教育领域,教师的坚韧性不仅是个人心理素质的重要组成部分,更是提升教学效能不可或缺的内在动力。坚韧性对教学创新、师生关系构建、学生自主学习能力促进、学生情绪与行为管理优化,以及学习动机激发等方面均有积极影响。

第一,坚韧性能促进教学创新与适应。教师的坚韧性使其在面对职业挑战与失败时,能快速恢复并汲取经验,这一特质推动了教师的专业成长与教学创新。研究表明,高坚韧性的教师更倾向于探索与尝试新教学方法和技术(Day et al.,2014),能够灵活调整教学策略,满足不同学生的学习需求与风格。面对日新月异的教育技术,他们以更强的适应性与整合能力,有效提升了学生的参与度和教学效果。

第二,坚韧性能增进师生关系的和谐构建。坚韧性在构建积极、信任的师生关系中发挥着重要作用。坚韧性使教师在学生遇到困境时及时提供支持与鼓励,营造出支持性学习环境,从而激发学生的学习动机、提升学业成绩(Jennings et al.,2009;Spilt et al.,2011)。坚韧性强的教师更能与学生建立深厚的情感联系,进而促进学生社会情感与心理健康的全面发展。

第三,坚韧性能强化学生自主学习能力。教师的坚韧性通过持续的支持与指导,促进学生自主学习能力的发展。他们通过设定高期望并提供及时反馈,

鼓励学生独立思考与问题解决,从而提升学生的自主学习效能与学业成就(Howard et al.,2004;Day et al.,2014)。这一过程中,教师的坚韧性成为学生学业与个人成长道路上的重要助力。

第四,坚韧性能优化学生情绪与行为管理。在课堂管理中,教师的坚韧性能够促进学生情绪的稳定性与行为的适宜性。教师通过积极的行为支持与情绪引导策略,减少课堂干扰,提高学生的专注度与参与度(Jennings et al.,2009)。此外,坚韧性强的教师还会为学生营造一个安全和支持性的学习环境,促进学生社会情感能力的成熟与发展(Spilt et al.,2011)。

第五,坚韧性有利于激发学生学习动机。教师的坚韧性在激发学生学习动机方面同样发挥着重要作用。他们通过设定挑战性目标并提供必要支持,有效激发学生的求知欲与探索欲,进而提升学生的学业表现。坚韧性强的教师还能根据学生的个体差异调整教学内容与方法,增强教学的针对性和有效性(Tomlinson,2001)。

三、教师坚韧性对其心理健康的影响

教师的坚韧性对其职业生涯的可持续性与整体生活质量的提升具有深远影响。

坚韧性作为应对职业压力与挫折的保护因素,使教师能够迅速从消极情绪中恢复,保持积极的心态与情绪状态(Beltman et al.,2011;Howard et al.,2004),进而提升了职业幸福感与生活满意度(Day et al.,2013)。

坚韧性作为教师心理健康的保护性因素,有效预防了心理问题的发生。坚韧性强的教师能够更有效地利用心理资源,增强情绪稳定性,减少焦虑、抑郁等心理问题的出现(Howard et al.,2004)。在面对心理创伤或重大生活事件时,坚韧性强的教师心理恢复能力更强,能够迅速调整情绪,恢复心理健康,确保教学工作的持续高效进行(Mansfield et al.,2016)。

坚韧性还促进了教师对心理资源的识别与利用。依据资源保存理论,坚韧性强的教师更擅长积累与利用社会支持、专业发展机会及个人兴趣爱好等心理资源,以应对压力与挑战(Beltman et al.,2011;Jennings et al.,2009)。他们通过构建强大的社会支持网络、合理分配时间与精力、平衡职业与个人生活需求,以及积极参与提升幸福感的活动,有效缓解工作压力与情感负担,维护心理健康。

第三节 共情

共情,即个体理解并感受他人情绪的能力,是教师在与学生互动中理解和回应学生感受和需求的关键特质,教师共情也是教师职业道德的情感基础。

一、教师共情与学生关系建设

在教育情境中,共情包括感知学生的情绪(情绪共情)和理解学生的观点(认知共情)。教师共情能力的高低直接影响他们与学生的沟通效果、解决冲突的能力,以及促进学生学习的能力。

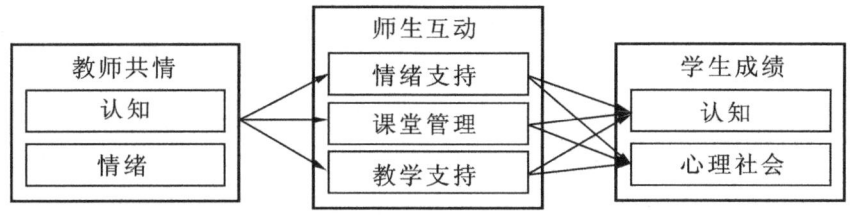

图 5-1 教师共情在师生互动质量和学生成绩中作用的启发式工作模型

(资料来源:Brackett et al.,2007;Jennings et al.,2009)

(一)共情的定义及其在教育中的重要性

共情通常被定义为个体感知、理解并对他人情绪状态作出反应的能力。心理学家将共情分为两个主要维度:情绪共情和认知共情。情绪共情指个体对他人情绪的直接情感反应,能够感受和体验他人的情绪,这种共情反映了情绪的共鸣,是一种从情绪层面与他人建立连接的能力;认知共情涉及理解他人的心理状态和观点,即便不伴随直接的情感反应,也能通过洞察学生的内心世界,精准预测其行为模式,为教学策略的调整提供科学依据。

教师的共情能力对于构建积极的学习环境和促进学生的全面发展至关重要。①共情能够增强师生关系。共情有助于教师精准把握学生的情感需求与心理变化,进而构建基于信任与尊重的和谐师生关系,这种正向的师生关系不仅能够激发学生的学习动力,还能显著提升其学业成就与自我效能感。②共情可以对学生行为产生积极影响。共情使教师能够以更加包容与理解的态度面对学生的行为表现,通过表达对学生感受的认可与关怀,有效减少冲突,促进学生表现出更多的合作与尊重行为(Jennings et al.,2009)。这种基于共情的管理方式,有助于营造积极向上的班级氛围。③共情能够促进学生社会与情感能力的发展。教师的共情行为不仅是知识的传授,更是情感的交流与价值观的传递。通过示范如何理解并尊重他人的情绪与观点,教师潜移默化地培养学生的情绪智力与社会交往能力,为其未来的社会适应与人际关系建立奠定坚实基础。④共情能促进教学适应性的提高。共情赋予教师高度的敏感性与灵活性,使其能够根据学生的个体差异与即时需求,灵活调整教学策略与方法。特别是认知共情的应用,使教师能够精准把握学生的学习风格与认知特点,从而设计出更加贴合学生实际的教学方案,促进教学质量的全面提升。

(二)教师共情对师生关系的影响

研究表明,教师共情有助于建立良好的师生关系。情绪共情作为教师对学生情感状态的敏锐捕捉与共鸣机制,有效促进了师生间情感层面的紧密联结;而认知共情则赋予教师深入理解学生心理视角与内在状态的能力,进而选择并实施更具针对性的教学策略与管理方法。根据社会交换理论,师生关系被视为一种基于互惠互利原则的交互过程,教师的共情行为作为一种情感与认知上的社会投资,能增进学生的信任与合作意愿,促进师生间更积极、高效的互动,并激发学生的学习动机。

在教育实践中,教师的共情行为促进了安全依恋关系的形成,使学生感受到来自教师的全方位支持与理解,这不仅有助于学生在学校环境中构建起安全感与归属感,还极大地提升了他们参与课堂学习与课外探索活动的积极性与主动性。实证研究表明,共情能力强的教师在班级管理上更为得心应手,能够有效减少学生行为问题的发生,而学生则在感知到教师的理解与关怀后,表现出更为积极的学习态度与更高的课堂参与度(Rogers,1975;Cornelius - White,2007)。这种由共情所激发的信任感,使学生在学习过程中表现出更加开放与诚实的交流态度,加深对知识的探索、促进能力的全面发展。

(三)教师共情对学生学业成绩的影响

教师的共情不仅直接影响师生关系的质量,还间接影响学生的学业成绩。教师共情能力通过以下主要机制作用于学生的学习成效:①教师通过共情提供情感支持。这种支持增强了学生的学习动机和情感安全感。根据维果斯基的社会文化理论,学习是一个社会化过程,其中情感支持是促进学习的重要条件。教师的共情满足了学生的情绪需求,为学生创造了积极的社会环境;②教师共情对行为管理具有显著影响。通过共情,教师能更有效地理解学生的行为动机和背景,进而采取更合适的干预措施,减少课堂管理问题,提高教学效率;③共情有助于建立信任关系。教师的共情能力有助于建立和维持师生间的信任关系,这种关系是提高学生学习参与度和积极探索知识的基础。当学生感觉到教师理解并关心他们的感受和需求时,更愿意在学习中尝试新的挑战。

多项研究显示,教师共情与学生的学业成就存在正相关关系。例如,Cornelius - White(2007)在其元分析中表明,教师共情与学生学习成效之间有显著的正相关关系。共情教师通过个性化的反馈和支持,帮助学生更好地理解学习材料,从而提升学习成效。此外,教师的共情能力有助于新生减少学校适应问题,特别是在小学升入中学的过渡期,共情的教师能识别出学生在适应过程中遇到的困难,及时提供支持。

二、教师共情在教学实践中的具体应用及其成效

在教学实践中,教师共情作为一项核心技能,首先被应用于构建个性化的学习生态系统。通过深度共情,教师能够精准把握每位学生的学习驱动力、情绪波动及学习障碍,进而实施精准教学干预,如调整教学节奏、提供定制化辅导或优化课程内容。面对因家庭因素而分心的学生,教师能够运用共情能力,提供情感慰藉与灵活的学习安排,助力学生攻克难关,保持学习步调。此外,共情还促进了响应式教学的实施,使教师能够依据学生的即时反馈与表现,灵活调整教学策略,如增加互动式教学、小组讨论或项目式学习,以激发学生参与热情,提升学习满意度。如果发现学生对抽象理论内容感到困惑,教师能够迅速共情并调整教学策略,用更多实验与实践活动增强学习的趣味性与实效性。

共情在情绪与行为管理方面同样具有重要价值,有助于营造积极向上的课堂氛围。面对课堂纪律问题,共情型教师倾向于首先了解学生不当行为背后的原因,随后采取情感对话、冲突调解等非惩罚性手段,以建设性的方式解决问题。

大量研究证实了教师共情对学生学习的积极影响。教师共情能力的高低已成为影响学生数学等关键学科成绩的重要因素(Aldrup et al.,2020;Curci et al.,2014)。在高共情教师的班级中,学生不仅学业成就更高,还表现出更强的同理心与社会适应能力。同时,共情对教师自身也有积极影响,通过构建和谐的师生关系与课堂氛围,教师的职业满意度与留任意愿显著提升。

三、教师共情能力的培养策略与实践

为提升教师共情能力,研究者提出了一系列系统化的培训路径,这些路径主要基于情绪智力理论(Mayer et al.,1997)和心理治疗领域的共情训练实践(Rogers,1957)。情绪智力理论强调情绪识别、运用、理解与调节四个维度,为教师在教学互动中有效识别并回应学生情绪提供了理论依据。罗杰斯的人本主义理论则进一步强调了共情在人际理解与沟通中的核心作用,为教师培训提供了重要的理念支撑。

目前已应用于教师专业发展的共情培训策略包括情绪教育和反思实践等。情绪教育通过设置专门课程、主题工作坊等方式,教授教师情绪识别与表达的基本技巧,如借助情绪卡片、情景模拟训练等手段,帮助教师在安全的模拟环境中提升共情能力。反思实践则引导教师通过撰写反思日记、分析教学案例及参与同伴交流等方式,系统梳理自身在教学过程中的情绪互动经验,进一步加深对师生情绪的理解。

具体实施方法包括:①角色扮演。通过模拟学生角色,使教师亲身体验学生在学习中面临的情绪与认知压力,提升教师认知共情能力。②情绪共情训练。运用开放式问题与倾听技巧,提升教师对学生情绪状态的感知与接纳能力。③正念训练。通过正念冥想练习,帮助教师提高对当前情绪状态的觉察力,从而增强课堂情境中的反应敏感度。④视频反馈分析。录制并分析教学视频,识别潜在的共情机会,接受导师或同伴的具体反馈,优化教学行为。

对于共情培训效果的评估,应采用多维度方式,既包括教师的自我报告,也包括同伴观察及学生反馈。通过定期评估教师对学生情绪与需求的敏感度及其反应的有效性,结合学生对教师共情行为的主观感受,从多个视角综合评价教师共情能力的提升情况,并据此调整培训内容与方法,以确保培训质量与实践效果的持续优化。

第六章 教师职业适应

在当前快速变化且日益复杂的教育环境中,教师的职业适应能力尤为重要。这一能力不仅关乎教师能否有效应对日常教学中不断出现的新情况和挑战,更深刻影响其职业满意度、心理健康状态及职业幸福感。教师职业适应能力的核心内容包括人际沟通、组织协调等关键技能,这些能力使教师在多变的工作环境中保持高效与积极的工作状态。

具备良好职业适应能力的教师,能够从容应对诸如新课程标准的实施、教育技术的革新,以及学生差异化发展需求等现实挑战,表现出较强的灵活性与适应性。他们善于在多元教育情境中寻得心理平衡,保持对职业的持续热情与投入。研究表明,职业适应能力高的教师在面对教育改革或工作压力时,往往表现出更强的心理韧性和更有效的应对策略。他们能够积极整合自身资源与外部支持,维护身心理健康与职业稳定性,从而提升教学质量,为学生的全面发展提供有力保障。

本章旨在系统分析教师职业适应性的构成维度,并探讨其对教师职业心理健康的影响,揭示人际沟通与组织协调在教师职业适应过程中的关键作用,提出提升教师职业适应能力的策略与方法,为教师职业可持续发展与心理健康提供理论支持与实践依据。

第一节 人际沟通

对教师而言,专业能力的内涵不仅包括扎实的教学能力,也涵盖了与学生、家长、同事及管理者之间建立良好互动的沟通能力。有效的人际沟通不仅能够促进教学目标的达成,也在维系师生关系、构建教育合作网络及处理学校事务中发挥着核心作用。人际沟通能力不仅关乎教师教学效能、课堂秩序维护,也是教师个人职业满意度提升的关键因素。良好的人际沟通机制,有助于建立和谐的师生关系,激发学生的学习动机与课堂参与度,同时也是教师职业幸福感的重要源泉,能有效缓解职业压力、预防职业倦怠。

人际沟通能力对教师职业生涯的影响是全方位的。教师与学生之间的有效沟通使教师能精准把握学生的个性化需求、情绪状态及行为特征,从而提供更有针对性的教学支持;教师与家长的有效沟通则构建了家校共育的基础,促进了教育合力的形成,为学生的全面发展保驾护航;教师与同事及管理层的顺畅交流促进了团队精神的凝聚与资源配置的优化,提升了教学质量及工作效率,营造了积极向上的工作环境。

研究表明,拥有高水平人际沟通能力的教师在面对职业挑战与压力时,表现出更高的心理韧性与适应能力。这一现象可归因于良好人际网络所提供的情感支撑与压力缓冲,减轻了教师的心理负担。此外,积极的互动关系还增强了教师的自我效能感与专业身份认同,使其在应对冲突与矛盾时能够采取更有建设性的解决策略,从而有效遏制消极情绪的累积,维护并促进教师心理健康。

一、教师人际沟通的理论基础

对教师人际沟通行为可以从情绪劳动理论、社会交换理论、社会情感学习理论及组织承诺理论等多元视角来理解。

情绪劳动理论。情绪劳动这一概念由 Hochschild 在 1983 年提出,聚焦于服务性行业中个体对情绪的调控与管理,以达成职业所需的情绪表达。在教育领域,教师作为高情绪劳动强度的职业群体,在教学过程中必须不断调节自身情绪状态,以营造积极的课堂氛围并维系和谐的师生关系。该理论强调,即便面临情绪耗竭或压力,教师仍需遵循职业规范,表现出耐心、热情与积极的态度,以适应多变的教学情境与学生需求。研究表明,教师有效的情绪劳动不仅有助于课堂管理与学生行为调控,提升教学效果与学生满意度(Brotheridge et al.,2002),对于缓解教师职业倦怠、维护心理健康及提升职业满意度也发挥着积极作用(Kinman et al.,2011)。

Homans 于 1958 年提出的社会交换理论,揭示了人际关系中交换与回报的互动机制。在教育系统中,教师与学生、家长、同事及管理层之间的互动即构成一系列社会交换,良好的沟通机制有助于构建信任与合作,提高教师获取情感支持与资源的可能性。该理论强调,基于互利原则的交换行为促进了积极关系的形成与合作深化。有效沟通作为关键媒介,不仅巩固了信任与承诺,还增强了人际关系的稳定性与持久性。研究发现,信任与承诺是构建良好教育关系的重要因素,它们通过促进家校合作与学业进步,提升了教育质量(Blau,1964; Cropanzano et al.,2005)。

Goleman(1995)的社会情感学习理论,主张教师应具备较强的社会情感能力,并通过有效沟通促进学生全面发展。该理论关注学生的自我意识、自我管理、社会意识、人际交往技能及责任感发展,认为这些能力对于学业成功与社会适应至关重要。教师通过情感支持与社会技能培训,不仅促进了学生的社会情感发展,也实现了自身的专业成长。研究表明,社会情感学习项目有效提升了学生的社交技能与情绪管理能力,进而改善了学习环境与学生的学业表现(Durlak et al.,2011)。教师的情绪智力与其职业满意度、教学效果及学生社会适应发展密切相关(Jennings et al.,2009)。

Meyer 等(1997)提出的组织承诺三因素模型,强调了关系质量对个体心理健康与职业满意度的重要性。在教育组织内,高质量的人际关系为教师提供了必要的情感支持与资源,促进了其职业适应与心理健康。教师与学生、家长,同事及管理层之间的积极关系,不仅提升了教师的职业满意度,还增强了其心理韧性与职业适应力。研究表明,关系质量与职业承诺、满意度之间存在显著正相关关系。高质量的关系通过促进学生的学业与情感发展,间接提升了教师的职业满意度与心理健康水平(Pianta et al.,2012)。

二、人际沟通对教师心理健康的影响

教师的人际沟通能力对于提升其心理健康水平具有显著影响,体现在增强职业满意度、缓解职业倦怠、提升心理韧性、强化自我效能感及促进情绪调节等方面。

良好的沟通能力有助于提升教师职业满意度。通过构建与学生、家长及同事间的和谐关系网络,获取情感支持与职业认同,能促进教师职业满意度的提升。Klassen 等(2012)研究发现,教师的人际沟通能力与其职业满意度间存在正相关关系,有效的人际互动能缓解职业压力,增强教师的职业幸福感。积极反馈与建设性沟通不仅能激发学生的学习热情与自信,也为教师赢得了来自学生及家长的认可与支持,与同事间的支持性关系为教师提供了情感慰藉与专业理解,有效减轻了工作负荷,这些共同促进了职业满意度的提升。

人际沟通能力有助于缓解职业倦怠。通过与同事及家长的积极互动,教师获得了情感与资源支持,有效抵御了情绪耗竭与去个性化的风险。社会支持是缓解职业倦怠的关键变量,社会支持的获取高度依赖于沟通能力(Maslach et al.,2001)。教师与同事及管理层的情感联系使教师能够共享职业体验与情绪困扰,获取情感慰藉与专业建议,进而减轻职业倦怠感;而与学生及家长的积极互动则使教师获得积极反馈与情感回报,增强了工作动力,减少了情绪耗竭现象。

人际沟通能力能增教师的心理韧性。拥有较强沟通能力的教师在面对职业变动与工作压力时表现出更高的心理韧性。他们通过高效的人际互动获取情感支持与建设性反馈,提高了应对压力与挑战的能力(Gu et al.,2007)。具体而言,来自同事及管理层的建设性反馈为教师提供了改进方向与专业支持,增强了其应对职业挑战的信心与能力;而与学生及家长之间的情感交流则为教师带来了情感慰藉与认可,进一步巩固了心理韧性,维护了积极向上的心态。

此外,人际沟通也是提升教师自我效能感的重要途径。通过积极的人际互动,教师能够获得来自学生、家长及同事的正面反馈与支持,提升其在教学与管理中的自信与能力。与学生及家长的积极沟通使教师获得对教学成效的即时反馈与情感支持,增强其自信心与教学效果;与同事间的建设性对话则促进了教学经验的共享与教学策略的优化,为教师的专业成长提供支持,从而提高自我效能感。

良好的人际沟通还能促进情绪管理。良好的人际沟通使教师能够更有效地调节自身情绪,降低情绪波动带来的负面影响(Brackett et al.,2011)。与同事及管理层的沟通使教师获得了情感理解与专业建议,增强了其情绪调节的灵活性与有效性;与学生及家长的积极沟通则有助于缓解教师的紧张状态,保持冷静与理智的教学态度。

三、人际沟通对教育教学的影响

人际沟通在教育教学活动中发挥着关键作用,不仅深刻影响着教师的教学效能与课堂管理水平,也直接关系到学生的学业表现与情感发展。

第一,人际沟通有助于构建积极的师生关系。从依恋理论的视角看,教师的情感投入与理解力是建立安全型师生关系的基础,这种关系能够显著提升学生的归属感与安全感。通过高效沟通,教师能够与学生建立积极的互动模式,激发其学习动机与课堂参与度,不仅满足学生的个性化需求,也能通过提供情感支撑与学业指导,推动学生全面发展。研究表明,积极师生关系对学生学业成就及社会适应能力有积极影响,强调了人际沟通在建立信任与支持性师生环境中的作用(Hamre et al.,2001)。

第二,人际沟通能优化课堂管理策略。有效的沟通对于课堂管理至关重要。教师通过明确传达规则、期望与反馈,能够培养学生的自律意识与合作精神,营造出既有序又充满活力的课堂氛围。Marzano 等(2001)的研究强调了教师沟通能力与其课堂管理能力之间的紧密联系,指出高效沟通对于提升教学质量与学生学习体验的重要作用。

第三,人际沟通能提升教学效果。根据社会学习理论,教师的沟通方式对学生情绪与行为有重要影响。善于沟通的教师倾向于运用多样化、互动性强的教学策略,如小组讨论、角色扮演及合作学习等,这些策略能提升学生的学习兴趣和参与度。同时,教师能够依据沟通中的即时反馈,灵活调整教学节奏与内容,更好地满足学生的多元需求。Hattie(2009)指出,高质量的师生互动是学生学业进步的重要预测因素,而高效沟通正是这一互动形成的基础。

第四,人际沟通能促进学生的情感发展。良好的沟通不仅是知识传递的桥梁,更是学生情感成长的沃土。教师通过积极的情感回应、有效倾听和同理表达,能够帮助学生构建积极的自我认知,提升其情绪智力与社交能力,为其未来社会适应与人际交往奠定基础。

第五,人际沟通能够强化团队合作与资源优化。教师与同事、管理者之间的良好沟通关系,有助于教学理念与资源的共享,促进教学经验交流,营造团结协作、共同成长的专业氛围,从而提升教学质量与学校整体运行效率。

第六,人际沟通有助于深化家校合作机制。依据生态系统理论,家庭环境和学校教育共同影响学生的发展。教师通过与家长建立稳定有效的沟通机制,如定期召开家长会、电话沟通及邮件交流等,能够加深对学生个体背景的了解,并在学生教育过程中实现真正的家校共育。Epstein(2001)提出,有效的家校合作可显著促进学生的学业成就和情感成长,教师在其中起重要的沟通作用。

四、强化教师人际沟通能力的策略

提升教师的人际沟通能力是其专业成长的重要组成部分,可以从专业培训、社会支持体系建设,以及反思性实践三个维度入手,逐步推进。

专业培训是增强教师沟通技能的基础。系统化培训为教师提供沟通技巧与实务指导,情绪管理是其中重点内容之一。Brackett 等(2011)的研究指出,情绪管理能力与心理健康、职业效能密切相关。培训中,教师需学习情绪识别、理解与调节技术,如情绪记录、认知重构、正念练习,以在高压情境下保持情绪稳定。同时,还需要系统掌握有效倾听、同理心表达、非暴力沟通及建设性反馈等沟通技巧。Rosenberg 等(2003)的研究表明,非暴力沟通培训能改善人际关系,提升职业满意度。冲突解决培训也是培训的重要组成部分,此类培训对缓解教师冲突压力,营造和谐的人际环境具有积极作用。

构建社会支持网络对提升教师沟通能力有促进作用。为新教师配备经验丰富的导师,提供一对一的专业指导与情感支持,是提升新教师职业适应力与沟通能力的有效途径(Gu et al.,2007)。通过定期座谈、课堂观摩、同伴反馈等方式,促进教师之间的经验与策略共享。同时,建立教师互助网络,鼓励协作教学、同伴观察与定期教研,有助于持续深化教师对有效沟通的理解与实践。

反思性实践是教师不提升沟通能力的内在动力。教师可采用记录教学对话、撰写教学日记、参与案例分析等方式,从中识别沟通中的障碍与潜力。Schön(1983)指出,反思实践有助于教师在真实教学情境中觉察与调整沟通行为,是教师成长的内在驱动力。Hattie(2009)强调了建设性反馈在促进教师专业成长与学生学业成就方面的积极作用,因此,教师可通过问卷调查、学生访谈、同事评议等方式,主动获取反馈并调整沟通策略。

第二节 组织协调

教师的组织协调能力不仅关系到教学活动的有序开展,还包括与同事、学生和家长之间的有效合作,以及教学资源的合理分配和利用。这种能力帮助教师在多重任务和压力中保持高效工作状态,确保教育目标的实现和教学质量的提升。

教师的组织协调能力是职业适应能力的重要组成部分。高水平的组织协调不仅优化了课堂教学,也提升了学校整体运转的效率。教师通过科学设计教学计划、组织课堂活动、维持课堂秩序、促进学生参与,并与同事开展合作,共享资源和经验,从而构建协作互助的教学团队。

一、组织协调能力对教师心理健康的影响

组织协调能力是影响教师心理健康的重要因素,直接关系到教师的工作效率、职业满意度,以及心理韧性。组织协调能力良好的教师能更好地处理多重任务和压力,优化教学管理,促进同事间的合作和资源的有效利用,显著提升教育的整体质量及教师的职业幸福感。

第一,组织协调能力有助于提高教师的工作与管理效率。依据时间管理理论,高效的任务组织与计划能力能够优化工作流程,降低时间浪费,提升工作效率。Macan 等(1990)发现,良好的时间管理能力与教师职业满意度及心理健康水平呈正相关。通过制定任务清单、合理规划时间、设定任务优先级,教师能够在纷繁复杂的事务中保持清晰的头脑与高效的行动,缓解工作压力,增强掌控感与心理舒适度。

第二,组织协调能力能增强教师的职业满意度。自我决定理论指出,职业满意度来源于个体在工作中对自主性、胜任感与归属感的体验。组织协调能力能够帮助教师在教学过程中实现目标控制与角色调适,从而在工作中获得更多的成就感与价值感。这种积极的心理体验不仅增强了教师的职业满意度,还提升了职业幸福感。

第三,组织协调能力有助于缓解教师的职业倦怠。资源保存理论视角下的组织协调能力,被视为教师抵抗职业倦怠的重要盾牌。通过合理的任务安排与资源调配,能够有效预防教师情绪和认知资源的过度消耗。通过优化工作结构和建立支持系统,增强了教师应对工作压力的能力,降低情绪枯竭与去个性化的风险,从而形成良性的工作循环。

第四,组织协调能力有助于增强教师的心理韧性。教育改革、技术创新等情境,要求教师具备抗压能力与适应力。组织协调能力使教师能够灵活应对突发挑战,制定有效预案,在不确定环境中保持心理稳定,增强心理韧性和职业稳定。

第五,组织协调能力促进了资源配置优化与团队合作机制建设。教师在协调中通过合理分工与协作提升团队效率,减少摩擦与冲突,有助于营造积极、和谐的工作氛围,增强教师的职业身份认同与归属感。

综上所述,组织协调能力作为教师职业心理健康的重要因素,其积极作用体现在提高工作效率、增强职业满意度与幸福感、缓解职业倦怠、强化心理韧

性,以及优化资源配置与团队合作等方面。因此,加强教师组织协调能力的培训与发展,对于促进教师个人成长、提升教育质量及推动教育事业的健康发展具有重要意义。

二、组织协调能力对教育教学的影响

组织协调能力不仅在教学管理中发挥着基础性作用,还深刻影响着教学质量、课堂管理、团队协作、教育创新,以及家校合作等多个维度。

组织协调能力是推动教学质量提升的重要力量。Marzano等(2001)指出,教师组织协调能力与学生学业成就之间显著正相关。教师通过精心策划教学内容、设计富有成效的教学活动,能够提升学生的学习效果,完成教学目标。同时,对教学资源的高效整合与利用,不仅能丰富教学手段,也增强了教学的吸引力和实效性,提升了教学质量。

组织协调能力在课堂管理中体现为有效预防课堂行为问题的发生,提升课堂纪律,并增强学生的参与度(Emmer et al.,2001)。具备良好组织协调能力的教师更善于设置规范、建立预期,并通过有效沟通机制减少冲突与不良行为的发生,营造积极向上的学习氛围。

组织协调能力还能促进教师间协作与资源共享。教师间的有效协作可提升教学质量与工作效率(Johnson et al.,2010)。通过集体教研、教学轮岗和经验交流等方式,教师能够相互学习,共同进步,形成良性循环。

组织协调能力还是推动教育创新的重要力量,能够激发教师的创造力与探索精神。组织协调能力强的教师更有可能推动教学改革与创新(Fullan,2007),设计与实施创新教学活动,激发学生的学习兴趣与创造力,促进学生的全面发展。

家校合作方面,教师组织协调能力有助于建立稳定的沟通机制和合作平台。通过组织家校合作活动,协调家长资源,教师能够增强家长的参与度与满意度(Epstein,2001)。紧密的家校合作模式不仅有助于学生的学业进步,还能够促进学生的心理健康与社会适应能力的发展。

此外,在面对教育政策调整、课程改革和技术更新等挑战时,组织协调能力使教师能够快速适应新要求,及时调整教学策略,确保教学活动的连续性与有效性,减少变革带来的不确定性与压力,保障教育质量的持续提升。

三、提升教师组织协调能力的关键因素和挑战

在追求教师组织协调能力提升的过程中,往往会面临多重挑战,这些挑战既源自繁重与复杂的日常工作,也来源于教师个人专业发展的长期规划。

教师常面对多任务处理与时间管理挑战。教师日常工作常涉及课堂教学、评估、行政及家校沟通等多个领域,任务繁重、时间要求紧,易导致效率下降和心理负荷增加。为此,需构建科学的时间管理体系,以组织协调为核心,提升工作条理性和效率。具体可用策略包括:采用任务优先级排序机制,可运用艾森豪威尔矩阵(图 6-1),区分任务的紧急性与重要性,确保资源的优化配置;用时间块管理技术,将工作时间划分为专注时段,每个时段聚焦于特定任务,提升工作效率;引入番茄工作法,通过周期性的工作与休息循环,保持工作状态的持续高效。同时,强调单任务专注,避免多任务并行带来的注意力分散与效率损耗。

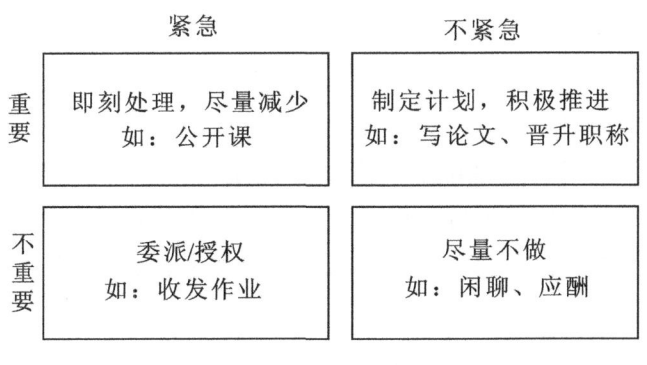

图 6-1 艾森豪威尔矩阵

教师工作中还会遇到资源短缺与分配不均的困境。教育资源的有限性及其分配的不均衡仍是影响教师教学组织效率的重要瓶颈,尤其在农村学校、薄弱学科或跨学科教学中更为突出。为破解资源困境,需制定多层次、复合型的资源优化策略,确保资源的合理配置与高效利用。建立学校层级或区域性资源共享平台,提高教学资源的可达性与利用率;加强教师在数字技术与多媒体教学工具方面的培训,提升其资源整合与教学优化能力;优化教室布局、规划教学设备使用,提升资源使用效率;制定以效益最大化为导向的资源优化管理制度,确保教学活动获得充分资源支持。

沟通障碍与团队协作不足也是教师职业生涯中可能面对的问题之一。在

跨学科整合教学、项目化学习、教学改革任务推进等背景下,教师之间,以及教师与管理者、家长之间的沟通障碍易导致信息孤岛和协作断层,影响教学组织效果。可行的改善措施包括构建高效的沟通机制与协作平台。通过年级组会、备课组会、教师例会等,促进信息共享与问题共商,增强团队凝聚力;组织集体备课、教学沙龙与经验分享会,提高团队共识与合作默契;鼓励建设性反馈与经验分享,提升沟通效率与质量。

新一轮的教育数字化转型对教师提出了更高要求。若教师组织协调能力无法适应技术革新节奏,将制约教学效率与质量提升。因此,持续的专业发展是提升组织协调能力、保持职业竞争力与创新力的关键。定期开展组织协调与信息技术融合培训,引导教师掌握教育信息化平台、数据分析工具的实际操作;通过反思性教学日记、教学录像回顾等形式,鼓励教师检视自身教学组织行为;鼓励教师加入专业学习社群,参与跨区域教学论坛、教学研究项目,提升专业视野;推广循证教学与行动研究方法,引导教师基于数据与研究结果调整教学计划和组织策略。

教师还需应对学生多样性与个性化需求。学生背景的多元化与发展路径的个性化趋势,使教师面临更复杂的组织安排与教学资源匹配压力。要求教师具备敏锐的教育诊断能力和高度的组织协调能力。学校应提供差异化教学设计培训,指导教师根据学生特点调整教学内容与方法;推广智能教学辅助工具与个性化学习平台,提升教学管理的精准度与效率;鼓励采用小组教学与合作学习模式,促进学生间的相互学习与支持,同时减轻教师负担。这些策略不仅有利于学生的个性化发展,也促进了教育资源的优化配置与高效利用。

第七章　影响教师职业心理健康的因素

在当代教育体系内,教师职业心理健康的重要性日益凸显,成为社会各界关注的焦点。教师不仅是知识与技能的传播者,更是学生心智与情感成长道路上的重要引路人。因此,保障教师职业心理健康,不仅关乎教师个人的幸福安康,更直接关系到教育质量的提升与学生的全面发展。在教师的职业生涯中,其心理健康受到来自多个层面的复杂因素影响。

从社会视角来看,教育体制的变革、社会对教育成效的高期待以及教师权益保护机制的完善程度,均可能成为教师心理压力源(杨彦平,2020)。在学校层面,教学环境的质量、学校的管理制度与激励机制,以及同事间的竞争与合作氛围,也深刻影响着教师的心理健康状态(李新,2019)。此外,教师个人的心理素质、应对压力的策略,以及获得的社会支持网络,同样影响其心理健康水平(李鹏 等,2022;李菡葳 等,2022)。

本章旨在分析影响教师职业心理健康的因素,包括工作环境、组织文化、个人特质及社会文化背景等,以增进对教师职业心理健康的理解,并探索有效的策略以支持并促进教师职业心理健康。

第一节　工作环境对教师职业心理健康的影响

教师的工作环境与教师职业心理健康密切相关。在校园中,教师不仅要与学生频繁互动,还需承担起课程设计、教学评估、职务考核等多重职责。学校环境因素不仅直接影响教师的日常工作经历,还会作用于他们的心理健康。因此,深入探究工作环境如何具体作用于教师职业心理健康,对于教师职业心理健康促进具有重要意义。

一、工作压力对教师职业心理健康的影响

工作压力是教师面临的一大挑战,也是职业心理健康的直接影响因素。教师需应对繁重的教学任务,包括备课、授课、批改作业及学生评价等。加之学校内外的多重期望、教育理想与现实条件间的差距,往往加剧教师的心理压力。教师工作压力问题对教师职业心理健康的消极影响不容忽视。

(一)教师工作量与工作强度的影响

教师的职责范畴并非局限于三尺讲台,而是包括课程规划、学生评价、家校沟通,以及参与校园活动等多种任务。教育部基础教育质量监测中心发布的《2019年国家义务教育质量监测——语文学习质量监测结果报告》中,对班主任工作负荷的调研显示:班主任群体不仅面临着超长的工作时间与繁重的教学任务,还需应对大量非教学性事务,这些均显著增加了其工作量,使其对减负的呼声强烈。韩露露(2020)针对南京地区中小学教师的调研同样指出,教师群体普遍存在在校工作时间长、工作强度大的问题,这种高强度的工作需求不仅消耗教师的体能储备,更对其心理状态构成了严峻挑战。

心理学领域的理论与实证研究均表明,工作量、工作强度与教师的心理健康状态紧密相连。依据 Karasek(1979)的需求-控制模型,高工作需求与低决策自由度(即低控制度)的工作环境极易诱发工作压力,进而引发职业倦怠。教师群体,作为这一模型中的典型代表,不仅需承载沉重的工作量,还需遵循严格的教学进度与多项考核指标,长此以往,容易导致情绪耗竭与身心疲惫,进而削弱工作满意度。Richardson(2002)的心理弹性理论则进一步指出,个体在面对压力源时的心理韧性水平是决定其应激反应的关键因素。若教师缺乏有效的应对策略,长期的高强度工作将不断侵蚀其心理韧性,增加罹患心理健康问题的风险。此外,Schaufeli 等(2004)的工作投入理论也强调了工作压力与工作满意度及留任意愿之间的负向关联。具体到教育领域,也有研究(如 Skaalvik et al.,2011)证实了工作量增加与教师工作满意度下降及离职意向上升之间的关联。

为有效缓解教师因工作量与工作强度过大而承受的工作压力,可采取以下

针对性策略：①实施工作重构，通过合理调配教学任务、削减非教学性负担、保障充足的备课时间等措施，减轻教师的工作负担；②加强心理支持与发展，定期举办心理健康研讨会、开展压力管理培训、提供心理咨询服务，帮助教师构建有效的压力应对机制，提升其心理韧性；③增强职业自主性，赋予教师在课程设计、教学方法及评估标准等方面更多的决策权与选择权，激发其工作热情与创造力。

（二）多任务处理与时间管理的挑战

多任务处理，即个体同时或交替执行多个任务的能力，在心理学领域被视为一种复杂的认知任务，涉及注意力的分配、任务的快速切换，以及信息的有效处理。Rubinstein 等（2001）的研究指出，多任务处理要求个体在有限的认知资源间进行高效分配，而这种频繁地切换往往伴随着"任务切换成本"，进而影响任务执行的效率与质量。在教育领域，教师作为多任务处理的典型实践者，日常工作充满了此类挑战。

多任务处理要求教师在多项任务间灵活分配注意力资源。Kahneman（1973）的注意力资源有限性理论表明，当多个任务竞争有限的注意力资源时，每项任务的执行效果均可能下降。例如，教师在备课同时回复家长信息时，可能因注意力分散而降低工作效率与准确性。

工作记忆在多任务处理中扮演着重要角色。Barrouillet 等（2004）的时间资源共享模型揭示了工作记忆负荷对信息处理能力的限制作用。对于教师而言，在制定教学计划的同时监控学生活动，可能因超出其工作记忆的处理极限而增加执行错误的风险。

多任务处理还伴随着频繁的任务切换，每次切换均伴随着不可忽视的认知成本。Monsell（2003）的研究表明，任务切换会引发时间延迟与执行错误率的上升，即所谓的"切换成本"。对于教师而言，这种频繁地切换不仅降低了工作效率，还加剧了其心理负担，不利于其心理健康的维护。因此，如何优化时间管理策略，减少不必要的任务切换，成为提升教师工作效率与心理健康水平的关键所在。

执行功能作为高级认知过程的核心组成部分，包括规划、决策制定、错误监测及新任务启动等关键职能。Miyake 等（2000）的研究揭示了执行功能在管理多任务情境中的重要作用，能够引导个体高效优先处理重要任务，并有效抑制不相关干扰，确保任务的顺利执行。在教师教育教学活动中，良好的执行功能帮助其有效管理课堂、优先处理紧急与重要教育任务,从而有效减轻多任务处理带来的潜在影响。

在教育教学活动中,教师的多任务处理能力体现在制定教学计划、监督学生活动、家校沟通,以及参与学校行政管理等多样且复杂的任务间灵活转换。这种高强度的多任务处理不仅考验着教师的认知能力,也会对其情绪状态产生影响。

1. 多任务需求对教师职业心理健康的影响

教师承担着教学准备、课堂授课、学生评估、家校沟通,以及学校管理等多重职责。这些任务不仅要求教师具备广博的知识与技能,还需在有限的时间内迅速处理大量信息并做出决策。这种高强度的多任务需求,无疑对教师的认知能力与情绪状态构成了严峻的挑战与压力,影响教师职业心理健康。

基于Sweller(1988)的认知负荷理论框架,当教师面对堆积如山的多任务需求时,其认知资源极易达到饱和状态,进而降低学习成效与问题解决能力。这些多重任务,如设计教学方案、评估学生表现,以及与家长沟通等,使教师在不同任务间快速切换思维焦点与注意力资源,极易导致工作记忆过载或注意力分散。认知心理学研究表明,这种高认知负荷状态会显著降低信息处理的效率与精确度,无形中增加了工作失误与遗漏的风险,长此以往,不仅教学质量可能下滑,教师的职业满意度与自我效能感也会受损。尤为重要的是,多任务处理模式下的浅层工作方式,会阻碍教师对教学内容与学生反馈的深度挖掘和灵活调整,进而影响教学质量。

长期置身于多任务与时间紧迫的交织环境中,教师极易陷入情绪耗竭,引发职业倦怠。心理应激理论指出,持续的高压状态会侵蚀教师的情绪调节能力,导致情绪疲劳与职业倦怠的恶性循环,特别是在感受到职业掌控感与支持感不足时,这一现象尤为显著。职业倦怠不仅危害教师的心理健康与工作热情,还可能导致缺勤与离职。

当多任务环境未能得到有效管理时,教师的成就感与自主性降低,工作不满与压力感增加。此外,多任务环境还可能成为教师专业成长与个人发展道路上的绊脚石,限制其参与专业培训、学术研究及教学创新的机会,进而削弱了其职业成就感与发展潜力。

在快节奏的现代社会中,教师如何在职业与家庭间找到平衡点,成为一个亟待解决的难题。多任务需求如同一张无形的网,将教师的工作时间无限延长,侵占了其个人与家庭时光,加剧了工作-生活冲突。这种冲突不仅有损于教师的幸福感,还可能对家庭关系与社会生活质量造成消极影响。

2. 时间管理问题对教师职业心理健康的影响

在教师的职业生涯中,时间管理直接关系到工作效率、工作压力乃至工作-生活平衡的维系,进而影响教师职业心理健康。有效的时间管理能够减轻认知负担,使教师专注于教学任务与学生互动,从而提升教学质量与工作效率。反之,时间管理不当则会导致任务积压、信息处理负担加重,最终影响任务完成的质量与效率,加剧教师的心理压力,损害其职业心理健康。

依据心理应激与应对理论,时间压力是教师群体中普遍存在的应激源之一。当教师感受到时间资源的匮乏与工作要求的紧迫时,往往伴随着强烈的压力感与无助感,这种心理状态若长期得不到缓解,可能引发焦虑、抑郁等心理健康问题,对教师的教学质量与专业发展产生消极影响。

此外,时间管理直接关系到教师能否实现工作与生活的和谐共生。研究表明,工作-生活平衡的失衡是教师职业倦怠乃至离职意向的重要诱因。若教师无法有效管理时间,往往需以牺牲个人与家庭时间为代价来完成工作任务,这种长期的牺牲不仅会导致个人关系紧张、生活满意度下降,还可能诱发身心健康问题,形成恶性循环。

时间管理对教师的影响受教师个性特征的调节。高神经质性的教师在面对时间压力时可能更易陷入焦虑与沮丧,而尽责性高的教师则可能表现出更强的时间规划与执行能力。因此,为不同性格特质的教师提供个性化时间管理培训与支持,对于提升其时间管理效能、维护职业心理健康具有重要意义。

为提升教师的多任务处理效能与时间管理能力,可采取以下策略:①优化工作环境。学校管理层应构建一个有利于教师专注的工作环境,减少不必要的干扰,确保教师能够高效地完成各项任务。②时间管理培训。通过系统的时间管理培训,帮助教师掌握高效规划、分配时间的技巧,从而提升多任务处理的效率与质量。③技术工具辅助。充分利用现代科技手段,如电子日历应用、任务管理软件等,为教师提供便捷的任务管理与时间管理工具,助力其更好地应对工作挑战。④健康与福利保障。提供全面的健康与福利支持,包括心理健康咨询服务、健身设施等,以增强教师的身心韧性,更好地应对工作压力与多任务处理的挑战。

综上所述,教师所面临的工作负荷、工作强度,以及多任务需求与时间管理问题,均对其心理健康与工作绩效产生深远影响。通过实施上述策略,可以有效缓解教师的工作压力,提升其多任务处理与时间管理能力,进而促进教师的职业发展,提升整体教育质量。

(三)课堂管理与学生行为问题对教师职业心理健康的影响

应对课堂管理与学生行为问题是教师日常工作的重要内容,直接影响教师职业心理健康。教师不仅是知识传授与智慧启迪的引领者,还承担着塑造良好学习环境与规范学生行为的重要职责。学生行为问题的频发无疑加剧了教师的心理负担,可能对教学质量与职业满意度产生消极影响。

基于 Maslach 等的职业倦怠理论框架,情绪耗竭是教师职业倦怠的核心维度,往往源于教师长期面对学生行为问题,如纪律缺失、攻击性言行及不尊重行为等。为应对此类挑战,教师需倾注大量情感与精力,长此以往,这种持续的心理压力易转化为情绪耗竭,导致教师感到心力交瘁,难以从教学工作中获得应有的成就与满足。

学生行为问题直接影响教师的教学效能。这种行为不仅扰乱教学秩序,占用教学时间,还迫使教师不断调整教学策略,可能导致教学质量下降。当教师感受到无力管理与促进学生学习时,职业自尊与成就感就会降低。课堂管理与学生行为问题的应对,已成为诱发教师职业倦怠的因素之一。面对频发的学生行为问题,教师可能陷入疲惫与无助,甚至对从事教育事业的信心产生动摇,削弱其职业承诺与留任意愿。

师生关系的质量是教学成功的基础。若学生行为问题得不到妥善解决,将加剧师生间的紧张关系,影响教学互动的质量。这种紧张氛围不仅会削弱教师的育人角色,还会影响学生的学习动力与良好行为习惯的养成。

长期的心理压力与职业倦怠对教师的专业发展构成威胁,可能诱发焦虑症、抑郁症、失眠症等心理健康问题。这些问题不仅影响教师的教育教学效能,还可能影响教师生活的方方面面。

为应对课堂管理与学生行为问题带来的挑战,可采取以下策略:①强化专业发展与培训,提升教师课堂管理与行为干预能力。②提供心理健康支持与咨询服务,助力教师应对压力。③构建教师支持网络,促进同行交流与专业指导。④优化学校政策与环境,明确学生行为规范,营造积极的教学氛围。通过上述措施,可有效减轻教师心理压力,提升教学质量,维护其职业心理健康。

二、资源与设施的可得性对教师职业心理健康的影响

教学资源的丰富程度与教育技术的支持能力,直接关系到教师的工作效率与教学质量。资源匮乏不仅增加教师工作负担,还限制了教学方法的创新。在现代教育体系中,设施现代化与新技术可以提升教学质量与效果。不仅提升了教学效率,还有助于学生的全面发展与学习体验的优化。

(一)教学资源的可得性对教师职业心理健康的影响

教学资源的可得性是影响教师工作效率、教学质量、职业满意度及心理健康的关键因素。资源既包括教科书、教学设备等物质资源,也包括课程内容、专业发展机会等非物质资源。资源的丰富程度决定了教师教学策略的灵活性和课堂管理能力,进而影响教师专业发展和心理健康。

教学资源为教师提供了设计高效教学活动、促进学生学习的必要工具与信息。这些资源包括但不限于课程设计资源、教育技术工具、辅导材料、课外学习机会及专业发展培训等。此外,智能化学习管理系统、互动白板、多媒体设备等现代教学工具与平台,丰富了教学手段,增强了教学互动性与趣味性,有效提升了学生的学习动力与参与度。因此,确保教学资源的充足与有效利用,是提升教育质量、促进教师专业发展的必要条件。

教学资源的匮乏已成为影响教师职业心理健康的重要因素之一。这种短缺加剧了教师的工作压力。在教学资源不足的情况下,教师不得不额外投入时间与精力,寻找或创造替代性教学资源,以完成既定的教学任务。这样不仅增加了工作负荷、延长了工作时间,还加剧了心理紧张,容易导致职业倦怠、焦虑及抑郁等心理健康问题。

教学资源的短缺会直接影响教学质量与教师的自我效能感。资源的匮乏限制了教师高质量教学的实施,可能影响教学效果,导致教师对自身教学能力的质疑,降低其自我效能感。根据班杜拉的自我效能理论,这种对自我能力的负面信念会进一步影响教师的行为表现与心理状态,动摇其职业认同与满意度。

教学资源的短缺还与教师的职业倦怠与离职率密切相关。长期在资源匮乏的环境中工作,教师可能因持续的挫败感和压力而产生职业倦怠,进而考虑离开教育行业。此外,资源的不足还可能阻碍教师的专业成长,限制其职业生

涯发展。

为改善这一状况,可采取以下策略:①增加资源投入,确保教师能够获得必要的教学材料与技术支持;②整合技术与创新,利用数字化教学资源与网络平台,提升资源的可得性与多样性;③建设支持系统与网络,构建教师学习社群与互助小组,促进资源共享与教学策略交流,以减轻教师在资源不足情况下的压力。

(二)教育技术对教师职业心理健康的支持与挑战

智能教室、在线学习平台、交互式多媒体等新兴教育技术如雨后春笋般涌现,极大地丰富了教学手段,优化了学生的学习体验,并显著提高了教学效率。然而,教育技术的广泛应用如同一把双刃剑,既为教师职业生涯带来了前所未有的变化,也伴随着出现一系列不容忽视的挑战,这些变化深刻影响着教师的心理健康与专业发展。

教育技术能够为教师职业提供显著的支持。教育技术通过提供多样化的教学资源与工具,极大地提升了教师的教学效率与动态性。交互式白板、学生反馈系统及智能教学软件等创新工具的应用,不仅增强了课堂的互动性,还使教师能够即时掌握学生的学情,从而灵活调整教学策略,实现更加精准与高效的教学;教育技术拓宽了教学资源的获取渠道与可访问性。在线学习平台与数字图书馆等资源的普及,打破了传统教育的时空限制,使教师与学生能够轻松获取全球范围内的丰富教育资源,包括电子书籍、教学视频、专业文章等,极大地丰富了教学内容,促进了教学的多元化与个性化;教育技术促进了个性化与差异化教学的发展。借助技术的力量,教师能够针对每位学生的学习特点与需求,提供个性化的学习方案与资源,满足学生多样化的学习需求,从而提升学生的学习成效与满意度。这种以学生为中心的教学模式不仅提升了教学质量,也增强了教师的职业成就感与幸福感。

然而,教育技术带来的挑战也不容忽视。技术适应与更新压力是教师面临的一大挑战。随着教育技术的不断迭代与升级,教师需要不断学习新知识、掌握新技能。这一过程可能引发技术焦虑与压力感,尤其是对那些技术基础薄弱的教师而言更是如此。长期的技术更新压力可能加重教师的职业负担,影响其心理健康与职业发展;技术依赖性与系统稳定性问题也是教师使用教育技术时必须面对的重要挑战。过度依赖教育技术可能导致教师在遇到系统故障或网络问题时感到无助与焦虑;数据隐私与网络安全问题也日益凸显,成为教师使用教育技术时必须关注的重要问题;教育技术的广泛应用还可能削弱教育教学中的互动性。虽然在线教学与数字工具为师生交流提供了便捷途径,但过度依赖这些工具可能导致师生之间真实的互动减少。缺乏面对面交流可能使教师难以捕捉学生的非语言信息与情感变化,进而影响教学效果和师生关系的建立与发展。

教育技术对教师职业心理健康的影响是复杂且多面的。一方面,不断发展的技术和相应的适应要求可能导致教师疲劳、产生职业倦怠感;另一方面,与技术相关的不确定性因素,如系统故障、软件错误等,也可能导致教师情绪波动与不安。此外,教师的自我效能感也会受技术使用效果的影响:当教师能够利用教育技术提升教学效果时,他们的自信心与职业满意度会得到增强;反之,若在使用技术过程中频繁遭遇挫折与困难,则可能降低他们的自信心与职业热情。

面对教育技术的双刃剑效应,教育管理者需采取积极有效的措施,以最大化其积极影响,并减轻其潜在消极影响。具体而言,可加强教师培训与支持体系建设,为教师提供必要的技术指导与帮助;建立健全的技术支持体系,确保教育技术在教学中的稳定运行与数据安全。此外,还应倡导合理使用教育技术的理念,鼓励教师将技术作为辅助工具而非替代手段,以维护教育的人文关怀与温度。

综上所述,教育技术的应用为教师职业带来了前所未有的支持与挑战。在享受技术便利的同时,我们也应清醒地认识到其存在的潜在风险与问题。只有采取有效的措施加以应对,才能确保教育技术发挥积极作用,服务于教学质量提升、教师专业成长,以及教师心理健康促进。

(三)物理环境对教师职业心理健康的影响

教师工作的物理环境,即教室布局、照明条件、噪音水平、温度调控,以及教学设备与技术的质量和可用性,构成了教师职业心理健康的重要外部因素。一个良好的物理环境不仅有利于提升教学效果,还能提高教师的工作满意度与心理健康;反之,则可能造成教师工作压力与心理健康问题,或导致职业倦怠。

具体而言,物理环境对教师职业心理健康的影响体现在以下五个方面:①教室布局的合理性直接关乎教学活动的流畅性。宽敞、布局合理的教室能够促进高效的教学互动与学生管理,而拥挤或布局不当的教室则可能限制教学活动的展开,增加教师的教学挫败感。②照明与视觉环境的优劣直接关系到教师的视觉健康与教学效率。适宜的照明能够减少视觉疲劳,提升教学表现与心理状态;自然光的引入更被证实能改善情绪,增强生产力,有效缓解压力。③声音环境的控制同样重要,噪声污染会显著加剧教师的心理压力,干扰教学进程,影响师生专注力。长期处于高噪音环境中的教师更易出现焦虑情绪与沟通障碍。④温度与空气质量作为另一关键因素,直接影响教师的舒适感与工作效率。不适宜的温度与空气质量不仅会降低教学效能,还可能损害教师的呼吸系统健康。⑤设备与技术的可用性直接关系到教学方法的多样性与教学效果。过时或不可靠的教学设备不仅限制了教学手段的创新,还可能成为教师工作压力与挫败感的来源。

为改善教师职业心理健康,应优化教学的物理环境。具体措施包括:①优化教室设计,确保空间布局合理,适应多样化的教学需求,配备适宜的家具与充足的存储空间;②改善照明与声音条件,采用高质量的隔音材料与充足的自然光源,营造舒适高效的学习与教学氛围;③调节温度及空气质量,利用高效的暖通空调系统与空气净化设备,确保教室环境舒适健康;④定期更新教学设备,确保技术现代化与功能正常,减少因设备故障带来的心理压力。

总之,物理环境的适宜性是教师职业心理健康重要影响因素之一。通过改善教室与学校的物理条件,不仅能直接提升教学质量与教师的工作满意度,还能间接促进学生学习成效与身心健康,构建一个积极、健康、和谐的教育生态系统。

三、职业发展与成长机会的促进作用

教师的职业成长机会与其职业满意度之间存在着正相关关系。当教师感受到职业发展受限或个人努力未获充分认可时,往往会产生挫败感与不安情绪,这些消极情绪若长期累积,则可能诱发职业倦怠现象。

(一)专业发展:心理健康的基石

在教师的职业生涯中,专业发展占据着举足轻重的地位,不仅关乎教师技能与知识的提升,更是职业身份强化的过程,能推动教学革新,增加职业满意度。因此,教师职业心理健康的维护与促进,离不开对其专业发展的支持。

专业发展对职业心理健康的积极作用体现在多个方面:①通过参与研讨会、技能培训及学术会议等专业发展活动,教师的教学技能得以不断提高,不仅增强了其处理教学难题的能力,也提升了面对问题时的信心,从而减轻职业压力,提高工作满意度。②专业发展活动为教师带来了新的教学灵感与教学策略,减少了日常工作的单调与重复,能够有效预防职业倦怠的发生。③专业发展平台促进了教师间的交流与合作,所形成的社交支持网络,可以为教师提供情感慰藉和资源共享,从而增强教师应对教学挑战的能力。④持续的专业发展推动了教师的职业成长与自我实现,无论是职务上的晋升,还是专业技能与教育理念的深化,都极大地提升了教师的职业成就感与整体幸福感。

为有效促进教师职业心理健康,需构建全面的专业发展支持体系,具体策略包括:①设计定制化专业发展计划。根据教师的教学科目、经验及个人职业目标,提供多样化的培训与发展机会,以满足不同教师的个性化需求。②技术与创新的整合。利用现代信息技术手段,如在线课程、虚拟研讨会等,为教师提供更加灵活、便捷的学习途径,特别是针对时间或地点受限的教师群体。③鼓励教师主导的专业发展活动。积极倡导并支持教师主导的专业发展活动,如教学观摩、研究小组及创新项目等,以激发教师的内在动力与创造力。④建立持续的支持与反馈机制。在教师专业发展过程中,建立持续的支持与反馈机制,帮助教师识别并解决发展障碍,评估并肯定教师取得的进步,适时调整发展计划,以满足其不断变化的需求。

综上所述,教师的专业发展不仅是提升教学质量的关键,更是维护其职业心理健康、促进其职业成长与满意度的重要途径。通过构建全面、系统的专业发展支持体系,可以为教师提供更加广阔的发展平台与成长机会,激励他们在教育教学中不断追求卓越,进而推动整个教育系统的发展。

(二)职业晋升路径的透明度与公平性:教师心理健康的护航者

在教育领域内,职业晋升路径的清晰界定与公平实施,不仅是教师个人职业发展的指南,更是维护其心理健康、激发职业动力与提升职业满意度的关键要素。教师的职业发展轨迹,不仅反映其经济与社会地位的变迁,还会改变他们的工作价值感、成就感以及对未来职业生涯的规划。

一个透明且公平的晋升机制,能让教师清晰地看到自身努力的方向与潜在的成果,从而增强职业归属感与安全感。明确的晋升路径为教师设定了可追求的目标,有助于明确职业生涯规划,这不仅能够加强教师对学校的情感联结,还能提升其职业满意度与忠诚度。同时,基于能力与贡献的公平晋升机制,是对教师辛勤付出的最佳肯定,能够激发其在教学与科研领域持续深耕,也是维护教师心理健康的重要途径。

反之,若晋升路径模糊不清或不公平,则可能威胁教师心理健康。不公与不透明的晋升过程,易引发教师内心的愤懑与挫败,削弱其职业认同感与归属感,加剧职业倦怠与心理压力,甚至诱发心理健康问题。缺乏明确的晋升路径,可能让教师陷入职业发展的迷茫与停滞,削弱其工作热情与动力,进而对整体教育环境产生消极影响。

为构建健康、积极的职业发展生态,可以从以下三方面优化职业晋升路径的透明度与公平性:①确立并执行一套透明、公正的晋升机制,确保所有教师清晰了解晋升的标准、流程及评估方式,通过定期的职业生涯讨论会,增强教师对自身职业生涯的认识与掌控感;②加大对教师职业发展的支持力度,提供多样化的培训与学习机会,助力教师不断提升专业技能与学术素养,为晋升奠定基础;③加强管理层与教师之间的有效沟通,建立开放、诚实的反馈机制,及时解决教师在职业发展中遇到的困惑与问题,增强其对晋升过程的信任与满意度。

综上所述,职业晋升路径的透明度与公平性,是教师职业心理健康的重要保障。公正、透明的晋升机制,不仅能够激发教师的职业潜能与创造力,还能显著提升其职业满意度。因此,学校与教育管理部门应高度重视职业晋升机制的透明度与公平性,共同营造一个支持性强、积极向上的教育环境,助力教师的成长与发展。

(三)继续教育:教师职业发展与心理健康的双赢路径

持续学习是教师保持教学前沿性、有效性和个人职业成长的重要途径。继续教育及其所涵盖的丰富学习资源,不仅是教师职业发展的基础,还是促进教师心理健康、提升职业满意度的有效途径。

继续教育对教师职业心理健康的促进作用体现在多个维度:

其一,它显著增强了教师的自我效能感。通过参与多元化的继续教育活动,如专题研讨会、在线课程及实践工作坊等,教师能够不断汲取新知,掌握先进的教学策略与技术,这种能力的不断精进让教师对自己的职业能力充满信心。

其二,继续教育是缓解职业倦怠的良方。继续教育所带来的新思想和新方法能帮助教师突破原有教学模式,激发教师对教育事业的热情。参与继续教育项目所带来的参与感与成就感是教师抵御职业倦怠的强大武器,有助于他们保持长期的职业热情与投入,提升职业满意度。

其三,继续教育是教师职业成长的加速器。继续教育助力教师实现职业目标,增强成就感。这种职业成长不仅能提升教师的职业地位与收入水平,还能通过自我实现提高生活质量和职业满意度。

其四,继续教育为教师搭建了宝贵的交流平台,促进了同行之间的互动与支持。在继续教育课程中,教师有机会结识志同道合的伙伴,共同学习、分享经验,这种社交支持网络成为他们应对职业压力、缓解孤独感的重要资源。

但是,继续教育也可能存在时间与资源压力、教育资源分配不均等问题。为解决这些问题,可以采取以下措施:①提供灵活多样的学习模式,如在线课程、弹性时间安排等,以适应不同教师的实际需求;②加大对继续教育的投入,确保所有教师,特别是低收入和偏远地区的教师,都能平等地获取高质量的教育资源;③鼓励学校和教育机构给予更多支持,包括灵活的工作安排、学习费用补贴等,以减轻教师的负担,激发其参与继续教育的积极性。

综上所述,继续教育与学习资源不仅是教师职业发展的助推器,更是维护其心理健康、提升职业满意度的重要方式。需要多方共同努力,通过政策引导、学校支持及教师自身的积极参与,构建一个更加开放、包容、公平的学习环境,让每一位教师都能在这条双赢的职业发展道路上不断前行,收获成长的喜悦与幸福。

第二节 组织管理对教师职业心理健康的影响

教师的职业心理健康状况不仅受制于教学环境,还受学校组织架构与管理制度的影响。组织因素包括领导风格、管理支持、工作文化与氛围,以及决策透明度和教师参与度等多个维度。这些要素相互交织,共同构建了教师工作的核心环境,直接影响其日常教学质量、职业满意度及心理健康状态。

一个健全且充满支持性的组织,能够提升教师的工作热情,增强其对教育事业的忠诚度,减轻职业倦怠感,为教师的长期心理健康奠定坚实基础。相反,若学校环境缺乏必要的支持、管理失序或教师与管理层关系紧张,则可能加剧教师的心理负担,导致焦虑与压力水平上升,诱发职业倦怠等严重的心理健康风险。因此,深入探究并优化学校管理,对于保障教师心理健康、促进教育事业的可持续发展具有重要意义。

一、领导风格与管理支持的双重作用

在管理支持方面,学校领导的管理不仅塑造了校园文化氛围,也是教师工作满意度、动机激发、职业承诺及心理健康状况的重要影响因素。高效的领导风格能够充分挖掘教师的潜能,促进其职业生涯的良性发展;而消极的领导风格则可能引发教师的工作压力与职业倦怠。

变革型领导风格强调创新、注重激励与鼓舞,是一种能提升组织绩效的领导风格。这种领导风格致力于构建共同的发展愿景,鼓励教师积极参与学校长远目标,从而提高教师工作满意度,降低职业倦怠。变革型领导风格能够增强教师的自我效能感,激发其工作热情与职业承诺,对教师的心理健康具有显著的促进作用。

相比之下,交易型领导风格则侧重于任务导向与奖惩机制,明确任务与回报之间的关联,以交换原则指导教师之间的互动。虽然短期内可能能够推动工作进展,但若忽视对教师专业成长的支持,就难以激发其内在动机,长期而言可能会降低职业满意度。

此外,放任型领导风格因其缺乏直接指导与反馈,易使教师感到孤立无援,增加工作不确定性与压力,对心理健康构成潜在威胁。

从管理层提供的情感支持角度来看,对教师工作的认可、鼓励与关怀能够显著缓解其工作压力,提升工作满意度与心理福祉。同时,支持教师职业发展的管理措施,如提供专业培训与发展机会,有助于教师掌握新教学技术和方法,提高职业成就感。合理配置教学资源和工作任务,也是管理支持的体现,对于维护教师的良好心理状态具有积极意义。

(一)学校领导的支持与管理效率

学校领导的支持与管理效率对教师职业心理健康有重要影响。研究证实,领导的积极支持能够有效降低教师的工作压力,减少职业倦怠的风险。在领导支持度较高的学校环境中工作的教师,其工作满意度显著高于领导支持度较低学校的教师。缺乏领导支持会加剧教师的心理负担,对教育质量产生消极影响,与教师的职业倦怠感和离职意愿呈现正相关关系。高效的管理机制不仅能够提升教育质量和学生的学习成效,还能为教师的专业成长与心理健康维护创造有利条件。

学校领导的支持体现在多维度上,包括对教师日常工作提供实质性援助、情感关怀,以及专业发展的支持。在情感支持方面,当领导表现出对教师个人困境及职业挑战的理解和关心时,教师的工作满意度与心理健康水平均有显著提升。对专业发展的支持,包括合理配置资源、提供培训机会,以及清晰的晋升路径,能够增强教师的职业成就感与组织归属感。管理效率的高低直接关系到教师能否及时获得所需的教学资源与管理支持。高效管理的学校,能及时响应教师需求、高效解决问题,提高决策过程透明度,这些有助于减轻教师的心理压力,提升其工作满意度。

管理效率低下则往往表现为资源配置不均、反馈机制滞后,以及决策过程的不透明,这些因素会导致教师工作负担与心理压力的增加。长期承受此类压力,教师容易出现职业倦怠,对工作失去热情与动力。此外,若管理层未能有效支持教师的专业发展需求,如培训机会不足、晋升路径模糊等,将阻碍教师的专业成长与个人发展规划,进而降低其职业满意度与整体幸福感。

为优化教师职业心理健康状况,可采取以下策略提升学校领导的支持与管理效率:①加强领导层的培训,定期举办领导力提升课程,提高人际沟通、冲突解决及团队管理等方面的技能,以增强其领导效能以及与对教师需求的敏感度;②构建高效的沟通机制,设立定期的教师会议与反馈系统,确保管理层能够倾听并重视教师的声音,营造开放、诚实的对话氛围,增强教师的参与感与归属感;③优化资源配置与分配机制,实施高效的资源管理系统,确保教育资源如教学材料、技术设备及财务支持能够公平、高效地流向有需要的教师与班级。

(二)透明度与沟通流程

在教育组织体系中,透明度与沟通流程的畅顺不仅是构建信任桥梁与提升运营效率的关键所在,也是维系教师满意度与职业心理健康不可或缺的要素。这些要素影响着教师的职业选择、对教学环境的认知及其与管理层、同事间的互动模式。透明的沟通流程,能有效减少误解与冲突,增强教师的职业安全感与满意度。

教师对管理层的信任是其职业满意度的重要组成部分。当管理层决策过程中高度透明,如公开讨论政策调整、晋升标准及资源分配等事宜时,教师感受到的公平性显著增强,对学校的信任感会随之提升。这种信任机制作为缓冲带,减轻了工作带来的压力与焦虑,对教师的职业心理健康产生积极的促进作用。

不确定性作为诱发压力与职业倦怠的重要因素,其消极影响不容忽视。而透明的政策导向与清晰的发展规划,有助于教师清晰把握学校的发展方向与自身职业道路,减少因未知性与不确定性所带来的心理负担。当教师对学校未来及自身角色有了明确认知时,其焦虑水平下降,工作满意度相应提升。

透明度的提升还促进了教师更多地参与学校的决策,感受到被重视与尊重,提升对组织和工作的满意度。同时,良好的沟通流程使教师能够及时将问题反馈给管理层,并获得必要的支持。这种高效的反馈机制有助于解决工作中遇到的难题,从而减轻教师工作压力,预防职业倦怠,提高其工作满意度。

反之,当沟通流程受阻或信息透明度不足时,教师可能产生被边缘化的感受,这种不公平感与信息匮乏感将进一步加剧职业压力,对心理健康构成威胁。沟通不畅还易引发误解与冲突,若未能妥善解决,将长期影响人际关系和组织氛围,降低教师的认同感和归属感。因此,沟通不良被视为导致教师工作压力增大与离职意愿上升的预测因素之一。

为增强组织透明度、优化沟通流程,可从以下三个方面着手:建立多元化的开放沟通平台,如定期召开会议、设立匿名反馈系统、建立在线交流平台,以确保信息的透明流通与沟通的有效性;加强对学校领导层的领导力与沟通技能培训,强化其在推动透明沟通与积极管理方面的角色定位;通过组织团队建设活动与构建支持系统(如导师制度、心理健康研讨会等),增进教师间的相互支持与职业满意度,共同营造一个健康、和谐的工作环境。

(三)决策参与与赋权

教师在学校决策体系中的深度参与,是促进其职业自主感与归属感强化的关键路径。当教师能够积极融入学校决策进程时,不仅能够有效提升职业满意度与教育质量,更能显著优化其职业心理健康状态。教师的决策参与极大地增强了他们的自我效能感,因为当教师感受到自己对学校政策与教学实践的实质性影响力时,他们会体验到自主感与尊重感,基本心理需要得到满足,进而推动职业满意度的显著提升。

此外,教师的决策参与还具有减压效应。通过直接参与并影响工作环境的变革,教师能够减轻因无力改变现状而产生的挫败感,从而有效预防职业倦怠感。这种参与感不仅增强了教师的归属感,也能激发他们对学校发展的责任感与使命感,进一步提升了工作动机。

在管理层面上,赋予教师权力意味着赋予他们更大的工作自主权,在课程设计、教学方法选择及学生评估方式等多个方面自主权的提升,能够激发教师创新教学的潜能,促进个性化教学模式的发展,还能因此提高教师的自我效能感。教师能够根据自己的专业判断灵活调整教学策略,才能更好地适应教学挑战、满足学生需求,有效降低因不适应带来的压力。同时,被赋权的教师拥有更多参与专业发展活动的机会,如专业培训、教育研究及学术会议等,这些活动不仅为教师的个人与专业成长提供了有效路径,还为其心理健康的维护与提升奠定了基础。

为构建这一积极的决策文化,学校应主动营造包容开放的氛围,积极鼓励教师参与各项决策过程。同时,提供系统的决策参与培训,包括领导力提升、高效沟通技巧及团队协作策略等,以提升教师在决策过程中的贡献度与自信心。此外,学校还应关注和了解教师参与决策的程度及其对教师职业心理健康的影响,确保决策参与与赋权实践的有效性与持续性,并根据反馈结果及时调整学校管理方式,以更好地服务于教师的职业发展需求与心理健康维护。

二、工作文化与氛围

工作文化与氛围是塑造教师工作环境的核心要素,其重要性不言而喻。研究表明,教师的职业满意度与心理健康状态深受其工作环境中的文化与氛围影响。这些文化因素不仅会影响教师的日常交往与合作模式,还作用于他们对教育工作的认知与情感态度。在积极健康的工作氛围下,教师的专业发展得以顺畅推进,教学质量会相应提升,同时,这样的环境对维护教师的心理健康具有重要的积极作用。

倡导支持与合作精神的校园文化,能够为教师提供来自同事与管理层的全方位支持,使得他们在面对教学挑战时能够及时获得必要的帮助与资源。这种文化能够增加团队凝聚力,减轻教师的孤独感,有效缓解职业倦怠与心理压力。通过实施透明的沟通机制,学校能够消除信息隔阂与误解,构建起基于信任的良好氛围,使教师在开放的环境中实现个人价值的认同,进而提升职业满意度与自尊感。

此外,学校推行包容性政策,对于营造多元化的教学环境具有重要意义。基于多元文化教育理论,这样的环境不仅促进了学生的全面发展,也为教师提供了表达个人见解的空间,增强了他们的归属感与安全感。在竞争与合作并存的工作氛围中,适度的竞争能够激发教师的动力与创新潜能,应避免过度竞争引发不必要的压力与冲突。因此,构建一种平衡竞争与合作的工作氛围,促进健康的职业关系。

有效的压力管理策略,如设立心理健康日、提供工作与生活平衡的支持等,对于缓解教师的工作压力、提升职业满意度与心理健康水平具有显著效果。

(一)团队合作与同事支持

在应对教育领域内的工作压力时,和谐的团队关系与同事间的有效支持,是重要的心理资源。团队合作与同事支持是维护教师职业心理健康的重要支柱,在调节教师情绪状态、提升职业满意度及幸福感方面发挥着重要作用。

团队合作机制为教师营造了一个责任共担的氛围,有效缓解了教师个体所承受的压力。在高效运作的团队结构中,教学任务与班级管理职责得以合理分配,不仅减轻了教师的工作负担,还通过团队协作减少了教师工作压力。同时,团队内的知识共享与资源整合,促进了教学创新与实践探索,教师能够依托集体智慧探索新的教学策略,这一过程不仅优化了教学效果,还显著提升了教师的职业成就感与自我效能感。此外,团队合作平台鼓励了创新思维的萌发与实践,使得教师在尝试新教学方法和技术时,即便遇到挑战,也能获得来自团队的支持与理解,这种文化氛围极大地促进了教师个人成长与教学团队的整体进步。

同事间的相互支持,是抵御职业倦怠与工作压力的坚实防线。面对学生行为问题、家长高期望及教学考核压力等多重挑战,同事间的理解、鼓励与实质性帮助,为教师提供了必要的情感支持与实际问题解决方案,增强了其应对工作压力的能力。同时,良好的同事关系还构建了积极的工作环境,提升了教师的工作满意度与团队凝聚力,促进了教学经验的交流与共享,不仅加速了教师专业技能的提升,还激发了其职业热情与持续发展的动力。

长远来看,团队合作与同事支持有利于促进教师专业能力发展,对职业生涯产生积极影响。这种支持塑造了支持性工作环境,有助于提高教师的职业忠诚度,降低教师流失率,使教师在教育事业上获得持久的职业满足感与归属感。在这样的环境中,教师更容易建立并强化自身的职业身份认同感与自我价值感,认识到自身工作的价值与意义,进而在教育事业中持续贡献,实现个人与集体的共同成长。

(二)工作压力与竞争程度

在教师职业生涯中,工作压力与竞争对教师职业心理健康构成显著影响。教师经常面临繁重的任务,包括备课、批改作业、课堂管理、家校沟通和参与校内外活动等,长期的高强度工作易导致教师身心疲劳,诱发焦虑、抑郁等心理健康问题。此外,教师的工作不仅包括知识传授,还需要深入的情感互动,这种"情绪劳动"要求教师具备高度的情绪调控能力。持续的情绪投入与调控会导致情绪资源耗竭,进一步加剧心理压力。

在追求学生学业成就与教学质量提升的过程中,教师常处于激烈的竞争环境中,争取优质的教学资源、晋升机会及更高的薪酬待遇。适度竞争能激发动力,但过度竞争可能引发同事间的紧张关系,增加职场的不安全感,进一步加大了教师的心理压力。高度竞争的环境可能使部分教师减少与同事的交流与合作,削弱了社会支持的同时增加了孤独感和被排斥感。

为有效应对上述挑战,可采取以下策略:①强化自我调节能力:教师应积极学习并实践时间管理、情绪调节及压力管理等技能,以增强自我调节能力,有效应对工作压力与竞争环境;②提供专业心理支持:学校和教育机构应建立健全的心理支持体系,包括定期的心理咨询服务、压力管理研讨会等,为教师提供及时、专业的心理援助;③构建支持性职业环境:管理者应致力于打造一个既充满支持又适度竞争的职业环境,通过实施公平的晋升机制、建立透明的评价系统,以及鼓励团队合作的文化氛围,减轻教师的职业压力,提升工作满意度;④促进职业成长与发展:为教师提供丰富多样的职业发展机会,如定期的教育培训、参与学术会议及研究项目等,提升教师的专业技能和职业成就感,缓解因职业发展不顺而产生的心理压力,促进心理健康。

三、政策与规章

政策与规章在塑造教师工作环境的同时,直接影响教师的日常教学活动、职业满意度和心理健康状态。合理且有支持性的政策环境营造积极、健康的工作氛围,使教师感受到必要的支持与保护;不合理或过于严苛的政策可能成为压力源,影响教师的工作热情和教学质量,甚至引发职业倦怠。

(一)教育政策的变动对工作的影响

教育政策变动往往带来不确定性和压力,是教师普遍面临的问题。新政策可能要求教师适应新的教学标准或评价体系,需要他们投入大量时间和精力去适应,可能加剧职业倦怠和心理压力。此外,政策变动可能影响教师的经济保障和职业发展路径,增加其对未来的不确定性,进而影响心理健康。

教育政策的不断变化要求教师持续适应新的工作要求,包括技术层面的调整,如掌握新的教学工具或软件,以及心理层面的适应,不断更新教学理念和方法。当教师感到无法控制这些变化,或变化超出其应对能力时,持续的适应需求会导致心理耗竭,降低职业满意度,可能引发心理健康问题,如抑郁和焦虑。

政策变动还可能对教师的职业身份产生影响。教师的职业身份是在他们的教学实践、教育理念,以及与学生的互动中建立的,当政策变动要求教师采取与其教育理念不符的教学方法时,可能会引发职业身份危机,影响心理健康,并影响与学生的关系和教学质量。

在面对政策变动的挑战时,教师的社会支持系统显得尤为重要,包括来自同事、学校管理层和同行的支持。定期召开专业发展会议、心理健康研讨会和团队建设活动都是支持教师适应变化的有效方式。有效的支持系统可以帮助教师更好地理解和适应政策变动,提供必要的资源和培训,以及经验和情感的分享平台,从而增强教师的适应能力、减轻心理压力。

(二)教师权益与福利的保障

教师的权益和福利是维护其职业心理健康的基础。确保教师的权益和福利不仅可以提高职业满意度,还能有效减少职业倦怠,增强心理韧性。经济保障、职业发展机会、良好的工作环境及社会认可都是影响教师心理健康的重要因素。

经济保障是最基本的权益之一。适当的薪酬能够满足教师的基本生活需求,提供稳定的生活品质,直接影响其安全感和幸福感。薪酬的公平性和合理性可以提升教师的职业价值感和尊严,增强他们的职业满意度和心理健康。稳定的经济收入通过减轻教师的经济压力,使他们能够专注于专业成长。

教师专业发展的机会对其长期职业满意度和心理健康同样重要。持续的专业发展机会,如参与进修、培训和学术研讨会等,可以提升教师的教学技能和专业知识水平,促进其心理成长。通过学习新的教学方法或更新其专业知识,教师可以提高教学效果,减少职业倦怠。专业成长的机会还能增强教师的自我效能感,这是维护教师良好心理健康的关键因素。

支持性的工作环境能够增强教师的归属感和安全感。积极健康的同事关系、公正的管理政策,以及有利于合作的校园文化,可以有效减少工作中的心理压力。例如,合理的课程安排和班级管理支持可以降低教师的工作负荷,防止过度劳累。

社会对教师职业的认可和支持也是教师职业心理健康的重要保护性因素。

高度的社会尊重和认可能够增强教师的职业自豪感和社会地位感,这些都是教师职业心理健康的重要支撑。社会对教师职业的积极评价,能够增强教师对自己工作的价值感和满意度。相反,如果社会对教师的评价较低,可能会导致教师职业身份贬损,增加职业倦怠和心理压力。

(三)工作评估与反馈机制

工作评估与反馈机制是教师职业发展体系中的重要环节,对其专业发展、自我认知、职业满意度,以及心理健康具有重要影响。科学的评估制度不仅有助于教师明确自身优势与改进方向,也在维护其职业尊严和心理健康方面发挥关键作用。

教师的工作评估通常包括课堂教学质量、学生评价、同行评议和教学成果等多个维度。一个公正、透明的评估系统能增强教师的职业安全感,提升其工作满意度。尤其是当评估结果得到正向反馈时,教师的自我效能感和职业认同感往往显著提升,有助于缓解职业压力、预防心理疲劳。然而,若评估机制设计不合理,标准不一致或缺少透明度,或与教师的教育理念存在冲突,就容易引发不满、挫败感,甚至诱发职业倦怠。

反馈机制作为评估制度的重要组成部分,对教师心理健康有显著影响。有效的反馈应当具有针对性、建设性和时效性,既肯定成绩,又提出切实可行的改进建议,从而帮助教师不断优化教学实践。反馈内容应避免空泛或否定性表达。例如,相较于"你的课堂管理有待提升",更具指导意义的反馈应为:"在课堂管理中建议明确规则设置,并结合积极行为支持策略以增强学生参与。"反之,若反馈缺乏具体指导,仅着眼于问题本身,可能削弱教师的专业自信,增加心理负担,影响其教学动机与工作满意度。

为减轻评估带来的负面影响,学校应建立一套多元、全面的评估体系,避免片面以学生成绩作为评价依据。应综合考量教师在教学设计、班级管理、学生心理辅导、家校沟通、团队合作以及专业发展等方面的表现。评估标准需做到公开、明确,体现岗位特征与发展导向,确保与教师的职业目标相契合。管理者与同行应通过定期反馈与协同评议,为教师提供持续性的专业引导与实践支持。

此外,评估应遵循"及时—连续—反思"的原则,使教师能够在第一时间对教学行为作出调整,避免因反馈滞后而错失优化契机。学校还应着力营造一种积极向上、注重成长的评估文化,强化同伴互助与专业共享。在这种文化氛围中,教师更容易将评估与反馈视作自我完善的机会。同行评议也可作为一种有效的互助手段,不仅可提供来自专业视角的反馈,还能增强集体归属感与教学共同体的凝聚力。

综上所述,科学合理的工作评估与反馈机制,不仅是教师专业成长的重要推力,更是支持其职业心理健康的制度保障。其核心价值在于:激发潜能、引导反思、强化支持,最终实现教师个人发展与教育质量双提升。

第三节　个人因素对教师职业心理健康的影响

教师职业心理健康不仅受学校管理制度与组织文化的影响,还根植于其个人因素中,个体的性格特质、生活经历、价值观念、应对策略,以及社会和家庭背景,都会在面对工作中的挑战与压力时影响其反应模式。这些因素不仅塑造了教师对教育工作的态度,也决定了其长期职业发展的心理稳定性和健康水平。

一、教师的心理特质

教师的心理特质是影响其职业心理健康的重要变量,决定了其在高压教育情境中的认知评价与行为方式。这些特质不仅影响教师与同事、学生和家长的互动方式,也直接关系到其职业满意度与心理复原力。

(一)抗压能力与适应性

抗压能力与适应性是教师有效应对教育工作压力的核心心理资源,在充满挑战的教育领域中尤为重要。抗压能力是个体在高压情境下保持情绪稳定和功能正常的能力;适应性则指个体对环境变化时的灵活应变与调节能力。这两种能力可以助力教师应对工作中的多种压力,例如学生行为问题、教学要求的变化、课程调整、家长期望,以及职业发展的不确定性等。

抗压能力较强的教师更能有效地管理因教学任务重、班级管理复杂、教育政策变动频繁带来的职业压力,从而降低职业倦怠的发生率。倦怠感通常源于长期工作压力的累积,若缺乏良好的应对机制,极易引发慢性疲劳、情绪耗竭等心理健康问题。

适应性强的教师,能够在教育改革背景下迅速掌握新课程理念、整合数字教学工具,提高教学效果和学生学习体验。随着职业生涯的发展,教师可能需要承担更多的职责,例如成为年级组长、课程组长或学科带头人,领导专业发展活动。适应性强的教师能够妥善处理不断变化的角色期待和教学情境。这类教师不仅在角色转变中表现出较强的心理弹性,也更容易在职业路径中实现持续成长。

(二)职业认同与自我效能感

职业认同是教师对自身教育者角色的认知和认同,而自我效能感则是个体对自己完成教学任务、管理课堂与激发学生潜能的信念。这两个因素影响着教师的工作表现、职业满意度、应对策略和总体心理健康状况。

稳定的职业认同是教师心理健康的重要保障之一。如果教师能够清晰地认识到自己的职业角色和职责,就会更加自信地开展教学活动,有更明确的职业目标和更强烈的工作动机,从而增强职业满意度。当教师的个人价值观与其职业认同一致时,他们更可能感受到职业带来的充实感和满足感,具有更强的心理韧性和职业稳定性。相反,如果职业认同不稳定或存在不确定性,可能导致教师出现身份混淆,从而感到焦虑和压力。这种状态常常出现在教师职业生涯的转折点,例如从实习教师转向正式教师,或者在选择是否从事教师职业时。

自我效能感高的教师通常在教学中表现更为出色,他们相信自己能够管理好课堂并有效地传授知识。这种信念通常能转化为更积极的教学方法,提升学生的学习效果,学生的正面反馈能进一步增强教师的自我效能感,形成积极循环。在面对工作压力和教学挑战时,高自我效能感的教师能保持积极的态度,并且更有能力找到解决问题的方法,降低职业倦怠和心理疲劳的风险。自我效能感不仅影响教师的日常教学活动,还会影响其专业发展。如果教师相信自己能够通过努力达到更高的职业标准,他们更有可能参与进一步的专业培训和发展活动。

学校可以通过建立系统的教师发展支持机制,如目标设定工作坊、职业生涯辅导、同行督导等方式,帮助教师明确职业目标和价值观,以加强其职业认同的稳固性和一致性。同时为教师提供必要的教学资源和专业支持,增强其在教学中的自我效能感,进而有效提升其心理健康水平。

二、生活方式与健康状况

健康的生活方式对于维持身心健康有直接影响。积极的生活习惯不仅有助于缓解压力、提升身体机能,更是个体维持心理平衡与认知效能的重要保障。

(一)生活习惯与身体健康

均衡饮食、规律运动与充足睡眠是教师身心健康的基础。均衡的饮食能提供关键的营养素,如蛋白质、维生素、矿物质及脂肪酸等,这些营养素对大脑功能和情绪调节起着至关重要的作用。研究证实,Omega-3脂肪酸、复合碳水化合物对情绪调节和抗抑郁症有积极作用。合理的饮食习惯能够帮助教师保持稳定的能量水平,避免因血糖波动引起的疲劳和情绪不稳,这些都直接影响教学表现和日常决策能力。体育锻炼有助于减轻压力,改善睡眠质量,提高整体健康水平。运动能够促进体内内啡肽的释放,这种"快乐荷尔蒙"能有效地改善心情并减少焦虑。体育活动还能增强教师的心理韧性和自我效能感。睡眠对认知功能和情绪调节非常重要。缺乏睡眠会损害记忆、注意力和决策能力,增加情绪波动。良好的睡眠有助于身体和大脑的恢复,提升认知灵敏度与情绪稳定性。

积极的社交生活有助于构建社会支持网络,帮助教师应对职业压力,是心理健康的重要支柱。良好的人际关系能够增强归属感和安全感,与家人、朋友和同事的互动可以提供情感慰藉,减少职业孤独感,为对抗职业倦怠和情绪消极提供外部支持。此外,教师还应注意避免不良的生活习惯,如减少烟酒并控制咖啡因及糖分摄入。这些行为不仅会削弱身体机能,还可能通过削弱自我调控系统而加剧情绪障碍风险。

(二)工作与生活平衡

工作与生活平衡是指在职业责任和个人生活之间实现一种相对稳定、可持续的协调状态。对教师来说,这种平衡尤为重要,因为教育工作不仅具有高度情感投入,还常伴随持续的职业压力。良好的工作与生活平衡,不仅能提升教师的职业满意度和工作效率,更是其长期心理健康的重要保障。如果教师无法有效地平衡工作和生活,可能会面临过度工作和情绪枯竭的风险,导致职业倦怠。当教师能合理安排时间,确保充分的休息与自我照顾,其心理韧性显著增强,面对教学挑战时更具有弹性和解决问题的能力。工作与生活平衡良好的教师更能专注于教学任务,提高工作效率,减少错误,同时增加职业满意度和对教育事业的热情。有效的工作与生活平衡还允许教师有时间追求个人兴趣,这些活动也可以丰富其教学内容和方式。在数字时代,教育工作与家庭生活的界限日益模糊,教师需要掌握有效的时间管理技能,如优先级排序和任务批量处理,以确保工作与生活平衡,实现心理负荷的最小化。

(三)社会关系与家庭支持

积极的社会关系和家庭支持是教师缓解职业压力、维持心理健康的重要外部资源。

同事、朋友和家人的情感支持可以帮助教师应对工作中的压力和挑战。研究表明,拥有良好社会支持能增强教师的归属感和社会凝聚力,在面对压力时更具韧性。强大的社会关系网络也是教师获取教育资源、教学策略和职业发展信息的重要渠道。通过同事和专业网络,教师可以学习新的教学技巧,发现解决问题的新方法,提高教学效果和职业满意度。

家庭的支持为教师提供了稳定的情感基础。在教师职业生涯中,家庭成员的理解和支持是他们能够持续工作和面对教育挑战的重要动力;家庭成员的鼓励和帮助可以缓解工作带来的压力。家庭在帮助教师平衡工作和生活责任方面扮演着重要角色。比如,家庭成员在日常生活琐事、照顾孩子或老人等方面的支持,可以使教师有更多的精力和时间投入到教学和职业发展中。亲密的家庭互动,还为教师提供表达负面情绪与缓解压力的空间,有助于教师维持情绪稳定与心理平衡。

同时,同事之间的支持也不可忽视。一个具备协作精神的教学团队,能够提供情感支持、经验分享与策略互助,使教师在遇到困难时不再孤立无援,降低职业倦怠风险。这种团队文化还有助于提升组织归属感与工作满意度,间接促进教师职业心理健康水平的保持和提升。

三、职业动机与满足度

教师的职业动机与满足度不仅影响其工作表现和教学质量,而且对其心理健康和职业满足感有深远的影响。这两个因素相互作用,共同构成教师职业生涯发展的内在驱动力。教育热情与职业选择的动机不仅决定了教师为何投身并坚守于教育事业,而且深刻影响其工作态度、持久性,以及面对教育挑战时的心理应对策略。

(一)教育热情与职业选择的动机

教育热情,即教师对教育工作的高度认同和积极情感投入,通常与高水平的职业满足感密切相关。具有高度教育热情的教师在教学过程中更易体验到成就感与意义感,不仅能增强教师的教学效果,还会由于其愿意投入时间和精力进行课程设计,提升教师的抗压能力、适应性。具有教育热情的教师更可能将教育挑战视为成长和发展的机遇,而非压力源,从而在遇到困难时保持更佳的心理状态,减少职业倦怠的发生。他们对于每一个学生的成长都充满了期待,能够激发学生的潜能,这一过程反过来又滋养了教师自身的教育热情。

教师选择教育职业的动机可分为内在和外在两种。内在动机包括对教学的热爱、期望对学生成长产生积极影响、实现个人价值等因素;而外在动机可能涉及薪酬、假期、工作稳定性等因素。研究表明,内在动机更能持久地支持教师的职业承诺和心理健康。由内在动机驱动的教师通常表现出更高的教学投入和职业热情,能更好应对外部压力。动机类型还影响着教师的职业认同和自我效能感。具有强烈内在动机的教师更倾向于认为自己的工作充满意义,从而强化其职业认同,并在面对教育挑战时提升自我效能感。相比之下,主要由外在动机驱动的教师在遭遇挑战和压力时可能会感到不满足且更易倦怠。他们可能将更多的重点放在薪酬和职位的稳定性上,而忽视了从事教育行业的内在价值和满足感。

(二)工作满意度与承诺感

工作满意度是指教师对职业经验的整体评价与主观感受,是教师职业心理健康的重要预测指标。高水平的工作满意度有助于降低心理压力和职业倦怠。工作满意感高的教师更有可能认为自己的工作有意义且有价值,在应对工作挑战时有更高的心理韧性。由于教师的积极态度和教学热情能够激励学生,构建更有效的学习环境,因此工作满意度高的教师往往在教学中更加投入,这直接影响到教学质量和学生的学习成果。工作满意度也是教师留职意愿的重要预测因素。满意度高的教师更有可能长期从事教育工作,为学校维护稳定且经验丰富的教师队伍,从而提高整体教育质量。

承诺感则反映了教师对职业的情感归属与忠诚度,是其长期从教意愿和组织认同感的重要体现,高承诺感的教师不仅在岗位上表现出高度责任感与主动性,更积极参与教学改革、课程建设与学校管理,促进教育生态的良性发展。教师承诺感水平与其工作积极性、心理适应能力,以及组织凝聚力呈正相关。承诺感与职业满意度相互作用,满意感可增强教师对教育职业的正向评价,高承诺感使教师更积极面对职业挑战,这种良性循环有助于教师缓解职业压力,减少职业倦怠的发生。

为提升教师职业满意度和承诺感,教育管理部门应优化教学资源配置、完善教师职业发展机制、建立公平激励制度,使教师能够在工作中获得满足和成长。

第四节 社会文化对教师职业心理健康的影响

社会文化因素对教师职业心理健康的影响有多个维度,包括社会期望、社区环境、社会经济状况等。这些外部变量不仅影响教师的职业角色认知,也作用于其心理状态、工作动机及职业满意度。

一、社会期望与教师角色

在社会认知结构中,教师常被赋予知识传播者、道德引导者、行为楷模等复合身份。这些角色及其相应的社会期望虽增加了教师的职业荣誉感,但同时也带来了极大的心理负荷,影响心理健康状态。社会普遍期望教师在教学成绩、学生品行乃至家庭教育等方面都能卓有成效,然而现实中,教育资源分布不均、教学目标与学生个体差异之间的矛盾等诸多因素,使教师难以全面满足社会期望,从而引发角色冲突与心理压力。

教师的工作在公众视野下高度可见。尤其在基础教育阶段,教师常受学生家长、教育管理者以及社会媒体的监督。当评价体系单一化、功利化倾向明显时,如仅以学生的学业成绩来衡量教师的绩效,就会忽视教师在培养学生其他能力方面的努力和成就,导致教师成就感缺失或价值感贬损。这类评价失衡会对教师的自尊和自我效能感与职业认同产生负面影响。获得社会正向评价能增强教师职业荣誉感与认同感,从而激发更高的教学热情和投入度,减轻心理压力和职业倦怠。社会的评价也影响教师的职业发展和激励机制。在一个公平和激励的评价体系中,教师更有可能获得专业成长的机会,感受到职业成就。因此,应推动形成多元化、发展性导向的教师评价体系,倡导社会正视教师的多维价值,营造有利于教师心理健康的社会文化氛围。

二、学生家长及社区关系

教师与学生家长之间的互动,构成其职业社会支持系统的重要部分。家长的支持可以显著增强教师的工作满意度与心理韧性,积极支持教学活动、配合学校管理、给教师工作以正向反馈时,教师更能体验到专业价值和情感支持,从而提高其职业投入。然而,在实际工作中,部分家长对教师的工作存在认知偏差,或抱有过高、功利化的教育期望,频繁干涉教学事务、批评教学安排,这不仅增加了教师职业压力,还削弱了教师的自主感和成就感。如果这类负性互动持续存在,就可能削弱教师对职业的热情,影响其心理健康。

社区的教育文化氛围与社会支持,也在很大程度上影响教师的工作满意度与心理健康水平。具备良好公共服务支持(如托育、交通、医闻等)的社区,能够帮助教师缓解工作要求与家庭责任之间的冲突。社区资源的整合利用(如志愿者助教、社区讲座、图书馆资源共享等)可以有效减轻教师工作负荷,提升其自我效能感和归属感。

为了更好地发挥社会支持系统对教师心理健康的保护作用,学校应建立完善的家校社协同机制:一方面强化教师与家长之间的合作沟通,明确权责边界,避免不当干预;另一方面主动协调社区教育资源,为教师营造既有利于专业成长又有助于职业心理健康水平提升的良好外部环境。

参考文献

一、中文参考文献

边玉芳,腾春燕,2003.教师心理健康内隐观研究[J].心理科学,26(3):483-486.

陈晓娟,任俊,马甜语,2009.积极心理健康的内涵解析[J].心理科学,32(2):487-489.

程少波,2019.基于大数据的中小学教师心理健康教育模式[J].教育研究与实验(5):4.

龚少英,李冬季,赵飞,2016.情绪工作策略对教师职业心理健康的影响:职业认同的调节作用[J].教育研究与实验(4):92-96.

韩露露,2020.南京市中小学教师工作负担情况调研[J].南京晓庄学院学报,3:38-43.

黄莘,2005.高等师范院校学生的教师职业心理健康教育初探[J].广西教育学院学报(3):44-46.

教育部基础教育质量监测中心,2020.2019年国家义务教育质量监测:语文学习质量监测结果报告[EB/OL].(2020-08-26)[2024-03-05].http://www.eachina.org.cn/upload_dir/editor/20200826093544421.pdf.

李菡葳,2022.我国中小学教师工作负担的研究综述:以2017—2022年为例[J].中文科技期刊数据库(引文版)教育科学(10):4.

李鹏,张志超,杨洋,等,2022.工作压力对中小学教师职业倦怠的影响:情绪劳动和工作满意度的链式中介作用[J].心理与行为研究,20(3):412-418.

李新,2019.教师的工作负担及其影响因素研究:基于中国教育追踪调查

(2014—2015学年)数据的实证分析[J].上海教育科研(3):6.

林崇德,2007.教育的智慧:写给中小学教师[M].北京:北京师范大学出版社.

刘艳,1996.教师心理健康浅论[J].教育理论与实践,(4):3.

刘在花,2023.教师支持对流动儿童学习满意度的影响机制[J].教育研究,44(11):149-159.

罗茜,李洪玉,何一粟,2012.高校教师人格特质、工作特征与工作满意度的关系研究[J].心理与行为研究(3):215-219.

沈德立,马惠霞,2004.论心理健康素质[J].心理与行为研究,2(4):567-571.

申继亮,王凯荣,2001.论教师的心理健康教育能力的构成[J].北京师范大学学报:人文社会科学版(1):12-19.

石国兴,郭世魁,魏瑞丽,等,2008.团体心理咨询改善教师情绪的实验研究[J].心理科学,31(3):703-706.

田淑梅,裘杰,刘波平.2006.高校女教师职业心理素质结构探析[J].教育探索(3):100-101.

王敏,2008.教师职业心理健康研究初探[J].教育探索,3(4):21-22.

王淑芹,2015.伦理秩序与道德研究[M].北京:中央编译出版社.

王学峰,2009.教师职业心理健康初探[J].学校党建与思想教育,12:71-72.

王永丽,2023.教师关怀行为对高中生抑郁的影响:情绪调节策略的纵向中介作用[J].社会科学前沿,12(11),6664-6671.

王枬,2016.论教师的仁爱之心[J].教育研究(8):117-124,144.

文红,张春燕,钟昆,等,1999.影响小学生心理健康的多因素分析[J].四川精神卫生(1):14-15.

武海燕,2001.培养教师反思能力的意义和策略[J].内蒙古师范大学学报(教育科学版)(6):69-71.

吴淑莹,沈贵鹏,2019.中小学教师心理健康素养及其提升策略[J].中小学心理健康教育(32):66-69.

吴伟强,2005.教师职业心理健康问题探析[J].师资培训研究(1):50-53.

谢小花,2024."四有"好老师的内在精神逻辑与实践路径:基于一线教师的视角[J].中国教师(7):6-10.

辛素飞,梁鑫,盛靓,等,2021.我国内地教师主观幸福感的变迁(2002—2019):横断历史研究的视角[J].心理学报,53(8):875-889.

修朋月,张宝歌,2004.教师职业能力发展与教师教育选择[J].中国高等教育(20):32-34.

杨彦平,2020.中小学教师心理健康发展现状分析与对策思考[J].现代教学(24):36-39.

游旭群,2023.涵养新时代教师"言为士则,行为世范的道德情操"[J].中国高等教育(20):29-32.

俞国良,曾盼盼,2001.论教师心理健康及其促进[J].北京师范大学学报:人文社会科学版(1):20-27.

俞国良,金东贤,郑建君,2010.教师心理健康评价量表的编制及现状研究[J].心理发展与教育(3):295-301.

于晓琪,黄潇潇,俞国良,2024.中国内地中学教师心理健康问题检出率的元分析:2000—2022[J].心理与行为研究,22(2):163-172.

张承芬,张景焕,2001.教师心理素质的隐含研究[J].心理科学,24(5):528-532.

张洪高,2008.仁爱:传统道德教育的核心价值[J].教育史研究(3):1-4.

张丽敏,2012.教师使命的内涵及特征探讨[J].教师教育研究,24(6):7-12.

张秀阁,梁宝勇,2016.心理健康素质测评系统·中国成年人核心心理健康素质全国常模的制定.[J].心理与行为研究,14(4):507-516.

二、英文参考文献

ALDRUP K, KLUSMANN U, LUDTDE O, 2020. Reciprocal associations between students' mathematics anxiety and achievement: Can teacher sensitivity make a difference?[J]. Journal of educational psychology, 112(4):735-750.

AMABILE T M, 1983. The social psychology of creativity: A componential conceptualization[J]. Journal of personality and social psychology, 45(2):357-376.

ANDERSON R E, DEXTER S, 2005. School Technology Leadership: An Empirical Investigation of Prevalence and Effect[J]. Educational administration quarterly journal,40:49 - 82.

BANDURA A,1997. Self-efficacy:The exercise of control[M]. New York:W H Freeman/Times Books/ Henry Holt & Co.

BARROUILLET P,BERNARDIN S,CAMOS V,2004. Time constraints and resource sharing in adults' working memory spans[J]. Journal of experimental psychology:general,133(1):83 - 100.

BARTHOLOMEW K J,NTOUMANIS N,CUEVAS R,et al. ,2014. Job pressure and ill-health in physical education teachers:the mediating role of psychological need thwarting[J]. Teaching and teacher education,37:101 - 107.

BAUER J, UNTERBRINK T, HACK A, et al. ,2007. Working conditions, adverse events and mental health problems in a sample of 949 German teachers[J]. International archives of occupational and environmental health,80(5):442 - 449.

BEAUCHAMP C, THOMAS L, 2009. Understanding teacher identity:An overview of issues in the literature and implications for teacher education[J]. Cambridge journal of education,39(2):175 - 189.

BELTMAN S,MANSFIELD C,PRICE A,2011. Thriving not just surviving:a review of research on teacher resilience[J]. Educational research review,6:185 - 207.

BLAU P M,1964. Exchange and power in social life[M]. New York:Wiley.

BORG M G,RIDING R J,FALZON J M,1991. Stress in teaching:a study of occupational stress and its determinants,job satisfaction and career commitment among primary schoolteachers[J]. Educational psychology,11(1):59 - 75.

BOYLE G J,BORG M G,FALZON J M,et al. ,1995. A structural model of the dimensions of teacher stress[J]. British journal of educational psychology,65(1):49 - 67.

BRACKETT M A, PALOMERA R, MOJSA - KAJA J, et al. , 2011. Emotion - regulation ability, burnout, and job satisfaction among British secondary - school teachers[J]. Psychology in the schools,47(4):406 - 417.

BROTHERIDGE C M,LEE R T,2002. Testing a conservation of resources model of the dynamics of emotional labor[J]. Journal of occupational health psychology,

7(1):57-67.

BRYK A S, SCHNEIDER B, 2002. Trust in schools: a core resource for improvement[M]. New York: Russell Sage Foundation.

BUSH T, GLOVER D, 2012. Distributed leadership in action: leading high-performing leadership teams in English schools[J]. School leadership & management, 31(1), 21-36.

BYRNE B M, 1991. Burnout: Investigating the impact of background variables for elementary, intermediate, secondary, and university educators[J]. Teaching & teacher education, 7(2):197-209.

COLQUITT J A, 2001. On the dimensionality of organization justice: a construct validation of a measure[J]. Journal of applied psychology, 86:386-400.

CORNELIUS-WHITE J, 2007. Learner-centered teacher-student relationships are effective: A meta-analysis[J]. Review of educational research, 77(1):113-143.

CROPANZANO R, MITCHELL M, 2005. Social exchange theory: an interdisciplinary review[J]. Journal of management, 31(6):874-900.

CURCI A, LANCIANO T, SOLETI E, 2014. Emotions in the classroom: the role of teachers' emotional intelligence ability in predicting students' achievement[J]. The American journal of psychology, 127(4):431-445.

DARLING-HAMMOND L, HYLER M E, GARDNER M, 2017. Effective teacher professional development[R]. Learning Policy Institute.

DAY C, GU Q, 2010. The new lives of teachers[M]. 1st ed. Routledge.

DAY C, GU Q, 2013. Resilient teachers, resilient schools: building and sustaining quality in testing times[M]. London: Routledge.

DAY C, GU Q, 2009. Teacher emotions: Well-being and effectiveness[C]. SCHUTZ P A, ZEMBYLAS M. Advances in teacher emotion research: the impact on teachers' lives. London: Springer: 15-32.

DECI E L, RYAN R M, 2000. The "what" and "why" of goal pursuits: Human needs and the self-determination of behavior[J]. Psychological inquiry, 11(4):227-268.

DESIMONE L M,2009. Improving impact studies of teachers' professional development:toward better conceptualizations and measures[J]. Educational researcher,38(3):181-199.

DIENER E,SUH E M,LUCAS R E,et al.,1999. Subjective well-being:three decades of progress[J]. Psychological bulletin,125(2):276-302.

DURLAK J A,WEISSBERG R P,DYMNICKI A B,et al.,2011. The impact of enhancing students' social and emotional learning:a meta-analysis of school-based universal interventions[J]. Child development,82(1):405-432.

EMMER E T,STOUGH L M,2001. Classroom management:a critical part of educational psychology,with implications for teacher education[J]. Educational psychologist,36(2):103-112.

EPSTEIN J,2001. School,family,and community partnerships:preparing educators and improving schools[M]. Boulder,CO:Westview Press.

ERTMER P A,2005. Teacher pedagogical beliefs:the final frontier in our quest for technology integration[J]. Educational technology research and development,53(4):25-39.

ERTMER P A, OTTENBREIT-LEFTWICH A T, 2010. Teacher technology change:How knowledge,confidence,beliefs,and culture intersect[J]. Journal of research on technology in education,42:255-284.

ERTMER P A,OTTENBREIT-LEFTWICH A T,SADIK O,et al.,2012. Teacher beliefs and technology integration practices:a critical relationship[J]. Computers & education,59(2):423-435.

FULLAN M,2001. The new meaning of educational change[M]. 3rd ed. New York: Teachers College Press.

GAY G, 2002. Preparing for culturally responsive teaching[J]. Journal of teacher education,53(2):106-116.

GIBBS G,COFFEY M,2004. The impact of training of university teachers on their teaching skills,their approach to teaching and the approach to learning of their students[J]. Active learning in higher education,5(1):87-100.

GOLEMAN D,1995. Emotional intelligence: why it can matter more than IQ

[M]. New York:Bantam.

GROSS J J,1998. The emerging field of emotion regulation:an integrative review[J]. Review of general psychology,2(3):271-299.

GU Q,DAY C,2007. Teachers resilience:a necessary condition for effectiveness[J]. Teaching and teacher education,23(8):1302-1316.

HAKANEN J J,BAKKER A B,SCHAUFELI W B,2006. Burnout and work engagement among teachers[J]. Journal of school psychology,43(6):495-513.

HAMRE B K,PIANTA R C,2001. Early teacher-child relationships and the trajectory of children's school outcomes through eighth grade[J]. Child development,72(2):625-638.

HARGREAVES A,1998. The emotional practice of teaching[J]. Teaching and teacher education,14(8):835-854.

HARGREAVES A,2000. Mixed emotions:Teachers' perceptions of their interactions with students[J]. Teaching and teacher education,16(8):811-826.

HATTIE J,2009. Visible learning:a synthesis of over 800 meta-analyses relating to achievement[M]. London:Routledge.

HENNESSY S,RUTHVEN K,BRINDLEY S,2005. Teacher perspectives on integrating ICT into subject teaching:commitment, constraints, caution, and change[J]. Journal of curriculum studies,37(2):155-192.

HERZBERG F I,1966. Work and the nature of man[M]. Cleveland:World Publishing Company.

HOCHSCHILD A,1983. The managed heart:commercialization of human feeling[M]. Berkeley:University of California Press.

HOMANS G C,1958. Social behavior as exchange[J]. American journal of sociology,63:597-606.

HOWARD S,JOHNSON B,2004. Resilient teachers:resisting stress and burnout[J]. Social psychology of education:an international journal,7(4):399-420.

HULTELL D,MELIN B,GUSTAVSSON J P,2013. Getting personal with teacher burnout:a longitudinal study on the development of burnout using a person-based approach[J]. Teaching and teacher education,32:75-86.

JENNINGS P A,GREENBERG M T,2009. The prosocial classroom:teacher social and emotional competence in relation to student and classroom outcomes[J]. Review of educational research,79(1):491-525.

KAHNEMAN D,1973. Attention and effort[M]. Englewood Cliffs,NJ:Prentice-Hall.

KARASEK R A,1979. Job demands,job decision latitude and mental strain:implications for job redesign[J]. Administrative Science Quarterly,24(2):285-308.

KEYES C L M,2002. The mental health continuum:From languishing to flourishing in life[J]. Journal of health and social behavior,43(2):207-222.

KEYES C L M, 2005. Mental illness and/or mental health? investigating axioms of the complete state model of health[J]. Journal of consulting and clinical psychology,73:539-548.

KEYES C L M,2014. Mental health as a complete state:how the salutogenic perspective completes the picture[C]. BAUER G F,MMIG O. Bridging occupational,organizational and public health:A transdisciplinary approach. The Netherlands:Springer Science + Business Media:179-192.

KINMAN G,WRAY S,STRANGE C,2011. Emotional labour,burnout and job satisfaction in UK teachers:the role of workplace social support[J]. Educational psychology,31(7):843-856.

KLASSEN R M,PERRY N E,FRENZEL A C,2012. Teachers' relatedness with students:an underemphasized component of teachers' basic psychological needs[J]. Journal of educational psychology,104(1):150-165.

KNOWLES M,1975. Self-directed learning:a Guide for learners and teachers[M]. Chicago:Association Press.

KOHLBERG L,1981. The philosophy of moral development[M]. New York:Harper and Row.

KORTHAGEN F A,2004. In search of the essence of a good teacher:towards a more holistic approach in teacher education[J]. Teaching and teacher education,20(1):77-97.

KWAKMAN K, 2003. Factors affecting teachers' participation in professional learning activities[J]. Teaching and teacher education,19:149 – 170.

KYRIACOU C,2001. Teacher stress:directions for future research[J]. Educational review,53(1):27 – 35.

LAUGHLIN A,1984. Teacher stress in an Australian setting:the role of biographical mediators[J]. Educational studies,10(1):7 – 22.

LEITHWOOD K,JANTZI D,2006. Transformational school leadership for large-Scale reform:effects on students,teachers,and their classroom practices[J]. School effectiveness and school improvement,17(2):201 – 227.

LOCKE E A,LATHAM G P,1990. A theory of goal setting & task performance [M]. Prentice-Hall,Inc.

MACAN T H,SHAHANI C,DIPBOYE R L,et al. ,1990. College students' time management:correlations with academic performance and stress[J]. Journal of educational psychology,82(4):760 – 768.

MANSFIELD C F,BELTMAN S,BROADLEY T,et al. ,2016. Building resilience in teacher education:an evidenced informed framework [J]. Teaching and teacher education,54:77 – 87.

MARZANO R J,PICKERING D J,POLLOCK J E,2001. Classroom instruction that works:research-based strategies for increasing student achievement[M]. Alexandria,VA:ASCD.

MASLACH C,JACKSON S E,1981. The measurement of experienced burnout [J]. Journal of organizational behavior,2(2):99 – 113.

MASLACH C,SCHAUFELI W B,LEITER M P,2001. Job burnout[J]. Annual review of psychology,52:397 – 422.

MASLOW A H,1954. Motivation and personality[M]. New York:Harpers.

MAYER J D, SALOVEY P, 1997. What is emotional intelligence? [C]. SALOVEY P,SLUYTER D J. Emotional development and emotional intelligence:educational implications. Basic Books:3 – 34.

MEYER J P,ALLEN N J,1997. Commitment in the workplace:theory,research,and application[M]. Sage Publications,Inc.

MIYAKE A,EMERSON M J,FRIEDMAN N P,2000. Assessment of executive functions in clinical settings: problems and recommendations[J]. Seminars in speech and language, 21:169 – 183.

MONSELL S, 2003. Task switching[J]. Trends in cognitive sciences, 7 (3): 134 – 140.

NODDINGS N, 2005. The challenge to care in schools: an alternative approach to education[M]. 2nd ed. New York: Teachers College Press.

OPFER V D, PEDDER D, 2011. Conceptualizing teacher professional learning [J]. Review of educational research, 81(3), 376 – 407.

ORPINAS P, HORNE A M, 2006. Bullying prevention: creating a positive school climate and developing social competence[M]. American psychological association.

PIAGET J, INHELDER B, 1972. The psychology of the child[M]. New York: Basic Books.

PIANTA R C, HAMRE B K, ALLEN J P, 2012. Teacher-student relationships and engagement: conceptualizing, measuring, and improving the capacity of classroom interactions[C]. CHRISTENSON S L, RESCHLY A L, WYLIE C. Handbook of research on student engagement. Springer Science + Business Media: 365 – 386.

PIETARINEN J, PYHÄLTÖ K, SOINI T, et al., 2013. Reducing teacher burnout: a socio-contextual approach[J]. Teaching and teacher education, 35:62 – 72.

QUICK J C, QUICK JD, NELSON D L, et al., 1997. Preventive stress management in organizations[M]. Washington DC: American Psychological Association.

RICHARDSON G E, 2002. The metatheory of resilience and resiliency[J]. Journal of clinical psychology, 58(3):307 – 321.

RICHARDSON P W, WATT H M G, 2006. Who chooses teaching and why? profiling characteristics and motivations across three Australian universities[J]. Asia-Pacific journal of teacher education, 34(1):27 – 56.

ROGERS E M, 2003. Diffusion of Innovations[M]. 5th ed. New York: Free Press.

ROGERS C R, 1957. The necessary and sufficient conditions of therapeutic personality change[J]. Journal of consulting psychology, 21(2):95 – 103.

ROGERS C R, 1961. On becoming a person[M]. Houghton Mifflin.

ROGERS P L,2000. Barriers to adopting emerging technologies in education[J]. Journal of educational computing research,22(4):455-472.

ROGERS R W,1975. A protection motivation theory of fear appeals and attitude change[J]. The Journal of psychology:interdisciplinary and applied,91(1):93-114.

ROSENBERG M, ROSENBERG M, 2003. Non-violent communication [M]. Puddle Dancer,Encinitas.

RUBINSTEIN J S,MEYER D E,EVANS J E,2001. Executive control of cognitive processes in task switching[J]. Journal of experimental psychology:human perception and performance,27(4):763-797.

RYAN R M,DECI E L,2001. On happiness and human potentials:a review of research on hedonic and eudemonic well being[J]. Annual review of psychology,52(1):141-166.

RYAN R M,DECI E L,2000. Self-determination theory and the facilitation of intrinsic motivation,social development,and well-being[J]. American psychologist,55(1):68-78.

SAUTER S L,HURREL J J,JR FOX H R,et al. ,1999. Occupational health psychology:an emerging discipline[J]. Industrial health,37(2):199-211.

SCHAUFELI W B,BAKKER A B,2004. Job demands,job resources,and their relationship with burnout and engagement:a multi-sample study[J]. Journal of organizational behavior,25(3):293-315.

SCHÖN D,1983. The reflective practitioner:how professionals think in action[M]. New York:Basic Books.

SCHUSSLER D,STOOKSBERRY L,BERCAW L,2010. Understanding teacher candidate dispositions:reflecting to build self-awareness[J]. Journal of teacher education,61(4):350-363.

SKAALVIK E M,SKAALVIK S,2011. Teacher job satisfaction and motivation to leave the teaching profession:relations with school context,feeling of belonging,and emotional exhaustion[J]. Teaching and teacher education,27(6):1029-1038.

SMITH E,GORARD S,2005. "They don't give us our marks":The role of formative feedback in student progress[J]. Assessment in education: principles, policy & practice, 12(1):21-38.

SMITH M, BOURKE S, 1992. Teacher stress: examining a model based on context, workload and satisfaction[J]. Teaching and teacher education, 8(1):31-46.

SPILT J L, KOOMEN H M Y, THIJS J T, 2011. Teacher wellbeing: the importance of teacher-student relationships[J]. Educational psychology review, 23(4): 457-477.

SUPER D E, 1990. A life-span, life-space approach to career development [C]. BROWN D L. Brooks, associates, career choice and development: applying contemporary theories to practice, 2nd ed. San Francisco, CA: Jossey-Bass:197-261.

SWELLER J, 1988. Cognitive load during problem solving: effects on learning [J]. Cognitive science, 12(2):257-285.

TAIT M, 2008. Resilience as a contributor to novice teacher success, commitment, and retention[J]. Teacher education quarterly, 35(4):57-75.

TAJFEL H, TURNER J C, 1979. An integrative theory of inter-group conflict [C]. AUSTIN W G, WORCHEL S. The social psychology of inter-group relations. Monterey, CA: Brooks/Cole:33-47.

TAYLOR E S, JOHN H T, 2012. The effect of evaluation on teacher performance[J]. American economic review 102 (7): 3628-3651.

TIRRI K, HUSU J, 2002. Care and responsibility in "the best interest of the child": relational voices of ethical dilemmas in teaching[J]. Teachers and teaching, 8 (1):65-80.

TOMLINSON C A, 2001. How to differentiate instruction in mixed-ability classrooms[M]. Prentice Hall.

TRUST T, KRUTKA D G, CARPENTER J P, 2016. "Together we are better": professional learning networks for teachers[J]. Computers & education, 102: 15-34.

TSCHANNEN-MORAN M, WOOLFOLK HOY A, HOY W K, 1998. Teacher efficacy: its meaning and measure[J]. Review of educational research, 68(2):202-248.

VYGOTSKY L S, 1978. Mind in society: the development of higher psychological processes[M]. Cambridge, MA: Harvard University Press.

WANG M T, DEGOL J L, 2016. School climate: a review of the construct, measurement, and impact on student outcomes[J]. Educational psychology review, 28(2): 315-352.

WENTZEL K R, 2002. Are effective teachers like good parents? teaching styles and student adjustment in early adolescence[J]. Child development, 73(1): 287-301.

ZHAO Y, FRANK K A, 2003. Factors affecting technology uses in schools: an ecological perspective[J]. American educational research journal, 40(4): 807-840.